U0535592

日本中小企业经管书系

换一条赛道，变现（企业版）

中小企业生存法则

小さな企業が生き残る：
地域、技術、デザイン

[日] 金谷勉 —— 著

杨占伟 —— 译

人民东方出版传媒
People's Oriental Publishing & Media
东方出版社
The Oriental Press

前言

从事外包业务的街道工厂和匠人也有其生存之"道"

日本中小企业厅公布的数据显示：截至 2016 年 6 月，日本的中小企业（制造业行业的中小企业指的是资金在 3 亿日元以下或员工人数在 300 人以下的公司）已达 357.8 万家；与此同时，大企业仅有 1.1 万家。由此可见，日本的中小企业数量众多，占企业总数的比重超过了 90%。换言之，中小企业与大企业的数量比例已超过 9∶1。

如果这些小公司每年都能持续稳定地提升业

绩，必将带动日本整体经济向更好的方向发展。

那么，在当今社会形势下，小公司应该采取怎样的战术呢？

我认为，小公司虽小，但是"麻雀虽小，五脏俱全"，其独有的战略战术更令大公司望尘莫及。虽然在资金实力、研发能力、销售能力，以及企业的规模和体量等方面，大公司是小公司无法比拟的，但也正因为小公司的经营及业务规模小，经营机制相对灵活，才能做到随机应变、因地制宜。如果把小公司经营比喻成棒球赛事的话，其无须打出漂亮的全垒打，只需采取精确短打、强制上垒这种稳扎稳打的战术。

在当今时代，如果公司经营继续走"佛系路线"，在商品、技术或服务等方面安于现状、墨守成规，必将被消费者所抛弃。这是一个充满挑战的时代，也是一个值得冒险的时代。这就要求我们不断地接受新思想并勇于开拓创新，敢于冒险，无惧未知，无畏挑战。

未来的市场走向和发展趋势难以预测。一个企业不能打破固化思维，仅能为消费者或使用者提供当下所需的商品、技术或服务，这种被动满足顾客现有需求的经营方式已严重滞后于时代，或者可以说这样的企业已严重缺乏竞争力和吸引力。企业需要走在顾客需求的前沿，一个不能给顾客带来任何意想不到的惊喜、感动，或者是欢笑的企业，必定难以在这个时代存活下去。

从这个意义上讲，企业需要立刻行动起来。如果失败，那就重新开始。如此一次又一次，不畏挫折，不断尝试。那些追求稳定、极度畏惧风险的大公司往往畏手畏脚，不敢踏入新的市场。即使有所行动，也会因其规模庞大、体系复杂，难以迈出改革创新的第一步。

而在这方面，小公司就要灵活得多。小公司的经营者和领导者一旦下定决心，就能迅速展开行动。即使失败，受到的影响也相对较小，损失远不及大公司，更能快速恢复元气。

此外，有些烦琐复杂的业务，大公司不愿意尝试，而小公司应该去挑战。因为就在这些看似烦琐而又耗时的业务中，很有可能隐藏着新的商业机遇。总之，正如小公司无法效仿大公司的经营方式，大公司也无法做到像小公司那样敢打敢拼、勇于挑战。

"突然有一天，客户取消了和我们公司的合作……"如果连番遇到这种情况，街道工厂或匠人工坊很有可能会陷入破产或倒闭的危机。那么，这种情况该如何应对呢？

其实，即使遇到这样的危机，也完全有办法可以转危为安。同时，也存在着能够避免工厂破产倒闭、适合中小企业长期发展下去的生存之"道"。

遗憾的是，很多街道工厂与匠人们并没有意

识到这条生存之"道"的存在。

因此,在本书中,我将向大家详尽地介绍那些技术精湛却不为人知的小工厂与匠人们的生存秘诀,并结合自己的亲眼所见和亲身体验,谈一谈工厂与匠人们的生存之"道"。

我们所从事的业务领域和范畴逐渐扩大

我经营着一家名为"CEMENT PRODUCE DESIGN"的设计公司。公司总部设在大阪,在东京也有基地。虽然我是设计公司的社长,但我本人并不是设计师。至于我平时的工作内容,简单来说,就是聆听客户的烦恼与忧虑,为客户提供必要的解决方案或建议。

具体来说,就是站在客户角度,与客户一起思考如何应对当下所面临的难题或忧虑,为了解决问题应该做些什么或不应该做什么。有时甚至要与客户患难与共,一起迎接新的挑战。

1999年公司刚开始运营的时候,"我需要制作一张海报""我想更新一下宣传册"等,类似这样的客户需求很多,公司业务基本都是围绕文本设计相关的内容展开。但是到了后来,客户的诉求逐渐发生了变化。

"这个问题,怎么办才好呢?"

"在目前业务渐少的状况下,我们应该做些什么呢?"

"以我们公司现有的设备和人力,能造出什么来呢?"

"我们究竟应该制作什么产品呢,真愁人……"

类似这样,更多时候客户会咨询我们"公司当前的状况下该如何行动""应该以什么为目标"等问题。随着客户需求的变化,自然而然,我们公司所从事的设计业务的对象和范畴也与创业初期相比发生了很大变化,逐渐呈现出多样性、多角度、深层次发展的态势。

前言　从事外包业务的街道工厂和匠人也有其生存之"道"

例如，有的时候我们要帮助毫无头绪的客户思考如何开发商品、创新技术，为客户设计商品的销售路径（分销渠道）并辅助客户付诸实践。也有的时候客户需要我们帮助搭建一座产业基地制造商与消费者之间对接的桥梁。还有的时候我们要为客户创造合作机会，促进更多不同技术领域的经营者携手合作……我们的业务内容既涉及过街道工厂的创新改革，也参与过传统工艺行业传承路径的设计。

随着公司业务的不断扩大，我切身感受到，与传统设计相比，我们如今所从事的设计行业的意义和作用正在发生根本性的改变。

并且，在多年的从业过程中，我们也曾挽救过很多濒临破产倒闭的企业。

无数次转危为安

有这么一家公司，位于福井县鲭江市，是一

家经销眼镜制造材料的商社。近年来,由于低价眼镜连锁店迅猛发展,该公司业绩逐年下滑。为了帮助该公司摆脱困境,我们与该公司展开合作,大胆利用眼镜制造工艺开发出创意商品——掏耳勺。虽然售价高达每根3900日元,但我们成功地将商品定位为"礼品赠送专用的高端掏耳勺"并获得了顾客的认可。在发售后短短4年内,其销量超过36000根,已然成为当下的热销商品之一。

新商品的成功,不仅让该公司扭亏为盈,也激发了员工的斗志。如今,该公司已成为当地的明星企业,在繁荣鲭江市乃至振兴整个福井县的地方经济方面发挥着积极作用。

在爱知县濑户市,有一位制作陶瓷批量生产模具的匠人。近年来,受陶瓷市场规模收缩的影响,窑瓷厂分包下来的业务急剧减少。为了扭转局面,该匠人打造出一款餐盘,试图通过自产自销业务来寻求新增长。但遗憾的是,该匠人制作出来的餐盘款式简单，在设计方面并没有什么过人之处。尽管该匠人技术精湛，手工雕刻模具的精细工艺更是在业界独占鳌头，但在这款餐盘的制作工艺上显然没有发挥出自身的优势。

于是，我们与该匠人展开合作，利用该匠人的手工雕刻技术成功开发出两款表面有凹凸质感、视觉上看似手织毛衣纹路的茶杯和大碗。新产品推出后，东京都内经销设计品的各大博物馆商店蜂拥而至，新商品所呈现出来的高超工艺得到了行业的广泛认可。如今，该匠人的工作量骤增，有时忙得甚至不得不放弃承接新的订单。

在静冈县热海市有一家木工所，多年来一直承揽来自热海旅馆的门窗隔扇加工方面的业务。但是，由于近年来热海旅馆接连倒闭，导致该店业务量骤减，一度陷入濒临倒闭的窘境。该店的厂房机器已经使用了50年以上，但以该店当时的状况根本没有更换老旧设备的余力。于是，我们帮助该店设计出一款利用现有设备就能制造的新商品。新商品的特色是：一面是用来切菜的砧板，翻过来的另一面可以摆放食物，作为餐盘使用。

新商品别出心裁的创意赢得了各大媒体的争相报道，并被一家著名酒店引进使用。该木工所也因此获得了大量新的业务订单，成功走出了困境。

记得有一次，神户市开办了一个以振兴当地产业为主题的学习班，我受邀担任学习班讲师。当时，有一位来自点心工厂的先生向我提出这样一个疑问："我们厂的商品一直打不开销路，能帮我们分析一下原因吗？"经过一番详谈，我逐渐了解到这家工厂的情况。该工厂巧妙利用瓦仙贝的制作工艺开发出各种点心，而且都非常美味。但遗憾的是，当时经销该工厂点心的店铺只有当地的一家百货商场，一直打不开商品销路。经过分析，我认为问题主要出在商品的包装上面：该工

前言 从事外包业务的街道工厂和匠人也有其生存之"道"

厂从来没有考虑过商品面向谁、该如何销售等问题，在不了解该工厂销售意图的情况下，设计师设计出来的商品包装自然没有针对性，不能反映出商品特色。

于是，我帮助该工厂重新确定了目标客户群体和流通渠道，并更新了商品包装与销售方式。此后，该工厂点心逐渐找到了销路，在东京都内一些时尚前卫的生活形态提案店内也有了该公司商品的身影。

我也见证过一些传统工艺匠人的转变。在京都府的匠人培养项目中，我曾帮助过一名竹工艺女匠人开发商品。这位女匠人可以用劈成竹丝的竹子编织出各种精致的竹笼，但是由于每道工序都是手工完成，无法批量生产，所以商品价格昂贵，销量不佳，让这位女匠人陷入了苦恼。

于是，我向她提出一个易产易销的商品开发建议。这位女匠人开始着手开发首饰类产品，并成功打造出竹制手镯和戒指。新商品不仅在日本国内很受欢迎，在巴黎的商品展示会上也备受好评。她本人也多次被各大媒体采访报道。

此外，海外的设计师也给予了她高度赞赏，极大提高了她作为艺术家的知名度。随着这位女匠人名气的不断提升，就连以往制作的高价竹篮也逐渐打开了销路，日本全国各大百货商场纷纷邀请她去现场演示销售。

打造商品，自产自销

偶然间意识到，来找我们咨询的客户基本都是一些小分包商、街道工厂的工厂主和传统工艺匠人等设计公司很少会接触到的人。

可能有人会疑惑，为什么我们会与这些人展开合作？

这还要从我刚刚创业的时候说起。当时我非常想开发一款属于自己的商品，之后回想起来，

前言 从事外包业务的街道工厂和匠人也有其生存之"道"

才明白这条路走得太急。当时的我年轻气盛,不知社会深浅,经历了太多挫折。一路走来,跌跌撞撞,磕磕碰碰,遍体鳞伤,不知经历了多少次失败,但是我从来都没有想过放弃。最终,我从一个门外汉一点点摸索,逐渐掌握了商品开发的基本技能。

我在28岁那年开始创业,在老家成立了一家小型设计公司,当时手头资金只有3000日元。当时没有什么支持者,也没有任何帮手,一切都是从零开始。

公司业务也要靠自己一点点去挖掘。但是即便我跑遍各家公司,也很难拿到订单。于是我就想:一定要打造出一个属于我们自己的商品并成功销售出去。以此为契机,便能拓展更多的业务,获得更多的商机。

同时,我的脑海里还闪现过一个想法:我们公司的业务模式不能仅局限在承揽业务上。我在创业之前曾就职于一家广告制作公司，这家公司作为一家分包商，公司业务均来自同一家大型广告代理店。像这样的一直从事承包业务的下游分包商，几乎没有什么办法从其他渠道获得客户资源。

因此，如果有一天上游承包方的代理店突然终止业务合作，那就等同于对下游分包商宣布死刑。但相反，如果我们能开发出属于自己的商品，在从事承揽业务的同时，也能通过销售自己公司的商品获得稳定的收入，就能为公司的持续稳定发展提供一份保障。

起初，我也没有什么明确的开发方案。恰巧，当时与我合租事务所的一位前辈正在策划一款以"和平"为主题的回形针设计方案，我觉得很可爱，也很有创意，于是决定将其作为我们的第一款商品开发对象。

虽然我以前从未开发过商品，商品设计对我

前言　从事外包业务的街道工厂和匠人也有其生存之"道"

而言可以说是全新的领域，但当时我觉得像回形针这类简单的小物件既不需要有太多的资金投入，制作起来应该也很容易。然而事实证明，我当初的想法太天真了。

首先，从寻找合作工厂开始就屡屡碰壁。当时开设公司网站的街道工厂几乎没有几家，我只能一页一页地翻阅电话簿，找到工厂的联系方式后，挨家工厂致电咨询。当时完全是碰运气，我也不知道哪家工厂会愿意与我们合作。经过一番周折后，我了解到制造回形针需要一种模具，而制作这种模具需要高昂的费用。于是，我又转头开始疯狂寻找能低价制作模具的工厂。

功夫不负有心人，我终于找到一家支付几万日元就同意制作的工厂。但是请他们着手试制后，我很快就被告知试制出来的模具不耐用，想要制作正式生产用的模具需要额外追加费用。我对这家工厂的说法持怀疑态度，于是又找到另外一家工厂，可得到的答复是一样的，都不能按照我的预期价格予以制作。

也就是说，低价制作出来的模具只能用于制造样品，并不适合批量生产。就这样，由于我的经验不足，与工厂的沟通交流也不到位，导致我们不但没能节约费用，反而增加了大量不必要的支出。

回形针的成功奠定了我们商品开发和商业营销的基础

正当我一筹莫展的时候，一个朋友向我介绍了一家位于东大阪的街道工厂（公司名叫成濑金属股份株式会社）。我立刻登门拜访，对方的社长看过设计图后，突然问我："这个商品的预期售价大概在多少呢？"

虽然我之前一直没有考虑过售价的问题，但想了想之后，我回答说："我希望能以20根500日

前言　从事外包业务的街道工厂和匠人也有其生存之"道"

元的价格售出。"我本想说1000日元,但又觉得太高,所以改口这么回答。

对方社长又问道:"那你希望我们生产多少根呢?"

这个问题我也不知道该如何回答。此时我突然想起以前听一个朋友说过,商品的成本不应超过售价的1/3,于是我就把这个想法告诉了他。

对方社长听后回答道:"那我明白啦,不过要维持这个成本至少要生产20万根才行。而要生产这么多根,低价模具肯定承受不住。所以综合考虑模具费和商品制造成本,加起来得需要100万日元,你觉得怎么样?"他说完后让我先回去考虑一下。

"啊?"听到这个出乎意料的高昂金额,我顿时呆住了。

"怎么要花这么多……"回去之后我翻来覆去想了很多,虽然内心中也闪现过放弃的念头,但一想到前期已经陆陆续续投入了那么多资金，花了那么多精力，既然已经坚持走到这一步就不能再退缩。话虽如此，但我手头并没有那么多资金，也无处可借。于是再次拜访的时候，我没有带去合同，而是向对方社长递交了一份申请书，并请求道："能否给我们半年时间分期付款呢？"

对方社长听后苦笑了一下，但还是勉强答应了。就这样，20万根回形针的订单终于成交了。

但是，光把回形针生产出来还不够，要想作为商品出售必须把回形针装入大小合适的装纳盒，而生产盒子又是一笔花销。幸运的是，我偶然间发现市面上有一款正在销售的药用容器盒，恰好可以装下20根我们公司生产的回形针。美中不足的是盒盖是蓝色的，如果要装纳我们公司生产的回形针，至少要把盒盖改制成透明的才可以。于是我咨询了这个容器盒的生产厂家，对方给出的答复是，只要订购1万个以上，就可以改制成透明

前言 从事外包业务的街道工厂和匠人也有其生存之"道"

的盒盖。

这个答复让我欣喜万分，1万个盒子刚好可以装入20万根回形针，不得不说幸运之神再次眷顾了我们。于是，我又借了一笔钱生产出装纳盒，1万盒"每盒20根装500日元销售"的商品就这样问世了。

但是，接下来又要面对新的问题。

我从来没有做过销售，也不知道去哪里、该怎么推销，但是这一步也必须得迈出去。于是，我决定碰碰运气，首先走访了一些熟悉的商铺。

我走访到一家当时很有人气的大型杂货连锁店的时候，发现其他商家的销售人员都提着一个装得满满的箱子，里面装着各种各样的推销商品。而我几乎是两手空空，带去的商品只有一款回形针。不出所料，这也让杂货店的采购人员大吃一惊，对我说："我们店可以经销这个商品，但是我们没有你们公司的交易账户，能否通过批发商把商品转售给我们呢?"我听得一头雾水,对于当时不太了解流通领域商业习惯的我来说,根本无法理解对方在说些什么。

为了理解这些商业常识,我又做了很长时间的功课。原来,一家大型商铺是不会费时费力和一些只生产少量商品的公司——进行交易的。要想批发商品给这家商铺,必须通过拥有该商铺交易账户(有与这家商铺进行交易的资格)的批发商。而这个交易账户对于批发商来说是一笔非常重要的无形资产。

弄清这个商业习惯后,在2003年发售新商品"Happy Face Clip"的时候,我借助朋友公司的交易账户,顺利地将新商品批发给了这家杂货连锁店。得益于此,新商品的销路逐渐扩大(如今已在全国500余家零售店上架),上市14年来累计销量超过25万套,已然成为当下的长期热销商品。

回形针艰难漫长的开发历程,让我切身体会到

前言　从事外包业务的街道工厂和匠人也有其生存之"道"

商品开发没有捷径可走，生产环境、成本设计、验货作业等各个环节都要严格把关，做好精细安排。

同时我也认识到，商品并不仅仅意味着产出，更要通过有效的销售渠道传递到消费者手中。也就是说，商品设计不仅包括决定商品的外观颜色与图案，还包括设计商品在卖场销售时的展示及销售方式。我将牢牢谨记：要通观商品从策划到流通的每一个环节（包括技术、构思、销路），这才是真正的商品设计。

任何公司都有自己的竞争优势

在一些街道工厂的人眼里，我们这个行业的人往往被认为是骗子，得不到信任，甚至遭到鄙夷排斥。就拿我们公司来说，每当向人提起"制作"和"设计"这两个词的时候，经常会被人投以质疑的目光。

但是，每当我到工厂进行宣讲，谈到开发回

形针的这段经历时,工厂的人都能感同身受,渐渐放下对我的戒备,脸上也露出了友好的笑容。而且,有越来越多的人会在我演讲结束后走过来向我请教,希望我能为他们的工厂建言献策。

像我们这样的设计公司,客户基本都是来自家电、食品和服装等各个商品制造或销售领域的企业。我们的工作就是帮助这些企业完成广告宣传、海报制作、商品目录设计和促销活动策划等海量的有关企业宣传推广方面的业务,助力企业更好地发展。可以说这些企业是我们的衣食父母,是他们赋予了我们这个行业以存在价值。

但是现如今,经济不景气导致消费低迷,规模庞大的大企业相继陷入苦战,实力不济的小公司更是风雨飘摇。我通过在各地结识的企业家了解到,目前各家公司都面临着一个共同的难题,那就是上游企业分包下来的业务越来越少。

如果日本的制造业持续低迷,我们这个行业

前言　从事外包业务的街道工厂和匠人也有其生存之"道"

势必难以存活。尽管当下有很多教育机构热衷于设计方面的人才培养，但是按照目前的发展趋势，年轻一代设计师的就业前景着实令人堪忧。

"如何才能增强制造型企业对设计行业的信任感呢？""用什么办法才能实现设计行业与制造业的深度融合，携手解决日本制造业面临的难题呢？"一直以来，我都在苦苦思索着这些问题，并且终于找到了答案。设计行业的公司，没有工厂那样先进的机器设备，也没有能工巧匠那般精湛的手艺，我们能做的就是尽最大努力锤炼我们的"看家本领"，通过别出心裁的创意设计，解决工厂面临的问题与困难，推进制造业的蓬勃发展。

于是，我们公司牵头开启了一项与日本全国各地的街道工厂和匠人合作的项目——"区域产业联盟活动"，旨在加强与企业之间的沟通交流，不断深化合作，共同寻找解决企业发展难题的对策。自2011年开启这项活动以来，合作成功的案例不胜枚举。

各地的政府机构也纷纷向我发来合作邀请,我陆续被聘任为京都府的"京都匠人工坊"讲师、东京都墨田区的"墨田区域品牌战略"合作人、神户市经济观光局的"商品设计联合实验室"讲师……不知不觉间,我受聘的头衔竟然超过了15个,一年要举办100场以上的学习班和演讲活动。

通过这些活动,我结识了很多工厂经营者和匠人,每次我都会问他们两个问题:"请问你们公司最擅长的业务或竞争优势是什么?为什么要制造这个商品呢?"

而他们一般会这样回答我:"我们好像没有什么能拿得出手的竞争优势……因为业务减少,所以就想随便生产点什么……"

可见,这些企业对自己的竞争优势并不明确,也从来没有思考过这个问题。他们只知道日复一日地在生产线上忙碌,却不知道自己制造出来的

前言　从事外包业务的街道工厂和匠人也有其生存之"道"

商品究竟有哪些优势和亮点。

那么让我们一起来思考一下，什么才是自己的竞争优势呢？

我认为，要找到竞争优势，首先就要充分认识自我。

在现实生活中，有很多经营者对自己并不了解，完全不清楚自己的工厂有多大的成长空间，凭借自己的技术还能开发出什么样的商品。当然，这也是无可奈何的事情，因为这些企业基本都是生产螺丝、弹簧等零件的小工厂，或者只是承接了产业链分工中的一小部分业务，接触不到商品生产的全过程。

那么，我建议这些企业可以尝试将日常业务细化分解，对细化后的各个业务环节逐一进行梳理与分析。在这个过程中，也许我们会获得新的启发与新的视角，意识到自己的潜力，挖掘出新的可能性。其中就包含我们各自所擅长的技术、技艺等竞争优势,这也是我们能够在当今时代存活下去的有力"武器"。

迄今为止,我去过很多街道工厂,也有幸在生产现场目睹很多能工巧匠的风采。通过自己的所见所闻,我确信任何一家企业、任何一位匠人都一定蕴藏着某种"优势"。这种"优势"可能是某种技术或技艺,也可能是工厂或工坊里的机器设备和生产工具,抑或是企业生产的某种原材料。

不仅如此,我们平时接触的客户、某经销商的交易账户(与经销商进行交易的资格)、副业技能、公司的地理位置和环境等,这些都属于公司的资产,也可以视为一种竞争优势。

同时我也坚信,即使当下制造业危机四伏,只要我们明确并充分发挥好自己拥有的"优势",就一定能找到我们的生存之"道"。

接下来,我将详细谈一下如何才能找到自己的"优势",以及如何将优势转化为"胜势"。

探秘日本全国各地企业的生存之『道』

区域产业联盟活动

富山 Toyama

MAGONOTTE
(高冈)

渔夫点心
(滑川)

福井 Fukui

ANIMALE
(鲭江)

Sabae tsumekiri
(鲭江)

VYAC
(鲭江)

SEE OH! Ribbon
(芦原)

Sabae AMEGANE
(鲭江)

Sabae kutsubera
(鲭江)

Sabae mimikaki
(鲭江)

兵库 Hyogo

KOBE Fruwa
(神户)

京都 Kyoto

Takae Reed
(京都)

花心
(京都)

Takenaka kinsai
(京都)

大阪 Osaka

菊水纯国产牙签
(河内长野)

ANSWER SOAP
(摄津)

Frien' Zoo Stool
(富田林)

乐豆屋
(富田林)

Happy Face Clip
(东大阪)

边玩边学宾果卡
(城东)

和手玉点心
(泉南)

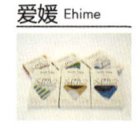

爱媛 Ehime

Towelie Towelie
(今治)

- Toyama
- Fukui
- Kyoto
- Hyogo
- Osaka
- Gifu
- Aichi
- Ehime

- Asahikawa

北海道 Hokkaido

HOUSE MEASURE
(旭川)

Card Chest
(旭川)

栃木 Tochigi

匣庭 - 益子 ver.-
(益子)

东京 Tokyo

ALMA
(墨田)

TREE PICKS
(墨田)

切匣
(墨田)

静冈 Shizuoka

face two face
(热海)

爱知 Aichi

Trace Face 茶杯
(瀬户)

Trace Face 大碗
(瀬户)

Trace Face 照明灯
(瀬户)

山梨 Yamanashi

URUSHINASHIKA
(甲府)

岐阜 Gifu

Tea mate a la carte
(多治见)

匣庭 - 美浓烧 ver.-
(土岐)

- Tochigi
- Tokyo
- Shizuoka
- Yamanashi

Trace Face
M.M.YOSHIHASHI(爱知县濑户市)
这是一款手织毛衣纹路的器皿，展示了陶瓷原型匠人高超的手工雕刻技术。

SEE OH! Ribbon
矢地纤维工业（福井县芦原市）
通过挖掘丝带新的价值需求点开发出来的书签，成功将丝带由"配角"推向"主角"。

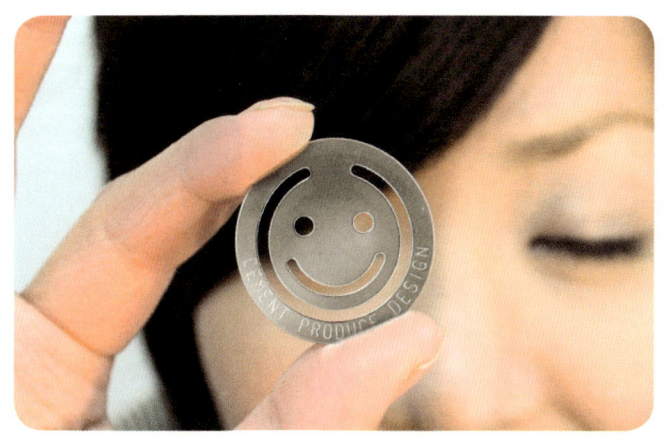

Happy Face Clip / 笑脸回形针
成濑金属（大阪府东大阪市）
与东大阪的街道工厂合作完成的第一款商品，奠定了公司商品开发的基础。

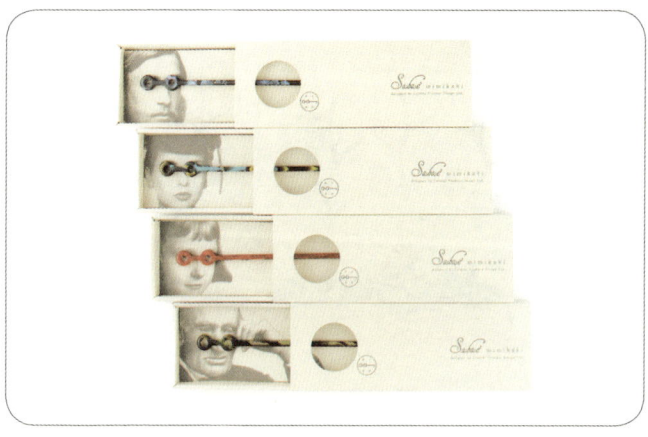

Sabae mimikaki / 鲭江掏耳勺
KISSO（福井县鲭江市）
利用眼镜的加工工艺开发出来的掏耳勺，帮助公司摆脱了债务危机。

ALMA Aroma Pins
石井精工（东京都墨田区）
使用精密的切削技术加工而成的纽扣形状的芳香饰针，在内侧可以滴入芳香精油。

TREE PICKS
笠原弹簧制作所（东京都墨田区）
与一家金属冲压街道工厂合作开发的不锈钢材质的食物签，可作为餐具使用。

Card Chest
佐佐木木工艺（北海道旭川市）
与擅长对家具表面进行装饰性加工的木工制造商合作开发的名片收纳专用木盒。

Frien'Zoo Stool
金田制作所（大阪府富田林市）
由专业座椅制造商开发而成的创意动物凳子，坐感舒适。

VYAC
土直漆器（福井县鲭江市）
使用越前漆器制作工艺开发而成的符合当下时代潮流的漆制卡盒。

Takae Reed
中川竹材店（京都府京都市）
竹工艺匠人通过与京都精华大学的产学合作开发的香薰喷雾器。

Kyoto Basketry Accessory Series/ 京都竹制饰品系列
京竹笼花心（京都府京都市）
让传统工艺走进现代生活，与竹工艺女匠人合作开发的手镯和戒指。

URUSHINASHIKA
印传山本（山梨县甲府市）
使用甲州印传工艺（用油漆在山梨县生产的鹿皮上涂出美丽的纹样）
首次开发的小物件。

目　录

第 1 章

探寻破产倒闭危机下的企业生存之"道"

从四个成功案例反思生存之"道"！ ………… 003

STORY ① 福井县鲭江市眼镜材料商社
（株式会社 KISSO） ………………… 004

STORY ② 爱知县濑户市的陶瓷原型匠人吉桥贤一
（株式会社 M. M. YOSHIHASHI） … 039

STORY ③ 静冈县热海市门窗隔扇制造商
（有限会社西岛木工所） ………………… 063

STORY ④ 竹工艺匠人小仓智惠美女士
（工坊"京竹笼花心"） ………………… 090

I

第 2 章

企业和家业长盛不衰的"秘诀"

转危为安的 12 个秘诀 …………………… 121

- 秘诀❶ 创新商业模式,进军高景气成长行业 … 122
- 秘诀❷ 塑造企业核心竞争力 …………… 129
- 秘诀❸ 自产自销,独立发展 …………… 134
- 秘诀❹ 避免盲目生产 …………… 141
- 秘诀❺ 商品设计的三个层面:技术、构思、销路 …………… 148
- 秘诀❻ 商品开发立足于现有资源及技术 …… 153
- 秘诀❼ 打破常规思维,推进跨界应用 ……… 160
- 秘诀❽ 勇于挑战烦琐复杂的技术或工艺 …… 163
- 秘诀❾ 传递商品诞生背后的故事 ………… 165
- 秘诀❿ 坚持"气球型",而非"烟花型"的发展方式 …………… 168

| 秘诀⑪ | 推进跨行业融合 ………… 173 |
| 秘诀⑫ | 明确当前所处的位置，规划未来的发展方向（自我定位）………… 177 |

第 3 章

认知自我，发现自身优势的"8 个步骤"

通过 8 个步骤探寻自身"武器" ………… 183

步骤❶	认知自我 ………… 186
步骤❷	明确公司面临的课题 ………… 200
步骤❸	发现自身优势 ………… 203
步骤❹	描述自己的目标与追求 ………… 209
步骤❺	明确自己当前所处位置 ………… 211
步骤❻	设定自己的目标位置（自我定位）… 216
步骤❼	结合公司实际制订实施方案 ………… 220
步骤❽	制定开发目标 ………… 223

助力公司增加"知己"的资料 …………… 226

第4章

从事外包业务的街道工厂和匠人的未来之路

日本全国未解决的课题堆积如山 …………… 235
模具商的业务报酬采用版税方式支付 ……… 239
组建工会,创新人才培养体系 …………… 245
学习技术的同时亦不可忽视经营 …………… 248
新旧商品顾此失彼的两难困境 …………… 253
连接制造商与消费者的全新角色 …………… 258
重塑商人匠人关系的"新型批发商" ……… 263
共同打造"日本制造株式会社" …………… 267

结束语　企业"精神面貌"的转变 ………… 275

/ 第1章 /

探寻破产倒闭危机下的企业生存之"道"

> # 从四个成功案例
> # 反思生存之"道"!

下面我将分享几个我与街道工厂或匠人们携手参与商品开发的案例。在向我咨询的时候,这些案例中的每家工厂都已经做好了最坏的准备——因外包业务量骤减,它们随时面临破产倒闭的风险。

那么,我是如何帮助这些企业摆脱困境的呢?简单来说,首先就是针对每家企业在业务中遇到的难点难题,提出适当的解决方案;其次就是帮助企业挖掘自身的竞争优势,让企业清醒地认识到自己擅长什么、能做什么,并鼓励企业最大限度地发挥优势,积极开发新商品,变优势为"胜势"。

最终，我们不仅帮助这些企业成功找到了逆境中的生存之道，也推动了匠人技艺的不断创新、企业发展向更高水平更深层次迈进。我相信，这些成功案例也一定能给其他企业带来有益的启示。

> **STORY ①** 福井县鲭江市眼镜材料商社（株式会社 KISSO）

改变公司、员工，乃至整个城市的"掏耳勺"

说起福井县鲭江市，我想大家立刻就会想到眼镜。其眼镜框架在日本国内的市场占有率高达96%，可以说国产眼镜框架基本都出自鲭江。据说，鲭江市的6万常住人口中，每6人当中就有1人从事与眼镜相关的工作，是名副其实的"眼镜之乡"。

但是，在鲭江市过度依赖眼镜产业的同时，一旦眼镜销量下滑，整个城市（无论是居民还是街区)就会丧失活力。

果不其然,这个噩梦在步入21世纪后变成了现实。经销中国产的低价眼镜的连锁眼镜店大量涌现,导致眼镜的"价格破坏"浪潮席卷全国。在日本国内眼镜需求逐渐上升的同时,鲭江市的眼镜相关企业的销售额却在逐年下滑,2008年"雷曼危机"的爆发让境况更加雪上加霜。受到国内消费需求萎缩的巨大打击,鲭江市的眼镜企业迎来了史上最凛冽的寒冬。

KISSO创立于1995年,是一家向眼镜制造厂商提供眼镜制造材料的商社。该公司现拥有员工15人,在家族企业居多的鲭江市属于一家中等规模的企业。"雷曼危机"爆发后,该公司同样也遭受了严重打击。2008年该公司销售额高达8.5亿日元,而2009年下降了近一半。我在2012年2月初遇这家公司时,它已彻底陷入资不抵债的泥潭当中。

我是在东京国际礼品展（日本最大的综合商品展览会，每年 2 月和 9 月举办）上认识的这家公司。通过展会的"商贸对接"，参展商可以与来自百货公司或专卖店的采购商会面并推销自己公司的商品。

当时，我们还没有和街道工厂展开全面合作。在前一年的展会上，同样是通过"商贸对接"，我认识了来自福井县芦原市的一家丝带制造商，并与其合作开发出一款植物造型的书签，颇受好评。于是我就考虑和更多地区的制造商展开合作，所以就再次参加了这个"商贸对接"活动。

❖ **"咦？竟然不是眼镜！"**

当时我第一次听说 KISSO 这个公司，看到简介资料上写着公司所在地是鲭江市，就想着这家公司一定是带着眼镜方面的商品样本过来的。但出乎意料的是，该公司设计总监熊本雄马先生

第1章 探寻破产倒闭危机下的企业生存之"道"

（当时33岁）向我展示的竟是用眼镜框架的制造材料醋酸纤维素（Cellulose Acetate）制作而成的戒指和手镯。

经过交谈，我对该公司的情况有了一些了解。原来，由于近年来眼镜行业不景气，该公司的主营业务眼镜制造材料方面的采购订单量骤减。于是从几年前开始，该公司开始尝试使用眼镜的制造材料与制造工艺开发眼镜以外的商品，并在一个聚集了当地众多制造商、名为"鲭江礼品开发小组"的组织里率先牵头开办了学习班，近距离与同行们切磋、探讨。之后，该公司决定进军饰品行业，使用公司经销的眼镜制造材料，开发出各式各样的首饰。总之，为了能在主业（眼镜）以外的行业谋求发展，该公司进行了各种努力与尝试。

但是，该公司是一家以材料经销为主的商社，至今没有成品销售经验，也没有接触过眼镜行业

用眼镜框材料制作的戒指

以外的客户。尽管多次在礼品展上进行展销，却一直没能顺利打开销路。

当熊本先生了解到我们公司与全国将近500家的精品店和杂货店保持着交易关系后，就和我商量能否与他们公司合作，经销他们公司生产的饰品。

我仔细观看了一下他带来的样品，的确色泽艳丽、款式精美。但是了解到售价要4000日元后，我暗自心想："一个非金属的戒指卖这么贵，会有人买吗……"这也是我对这件样品的第一印象。

对于一个像我这样对制造材料不是很熟悉的外行人来说,这个戒指与普通塑料制品无异。

对此熊本先生解释道:"醋酸纤维素这种材料都是从意大利进口的,本来采购成本就很高,加上后期的加工制造等各种费用,必然会变成这个价格。"

听过熊本先生的解释后,我又谈了一下我的想法。按照这个价格出售不是不可以,但必须能获得顾客对商品的认可,有足够的理由让顾客相信,这个价格符合商品本身的价值,否则很难销售出去。为此,商品必须能给顾客带来更多的附加价值,同时要讲好品牌故事,在展示方式上也要下功夫。但从目前的商品策划上来看,还无法让顾客感受到这些价值。

话虽如此,我当时也没能立刻想出什么合适的替代方案,第一次面谈就这样无可奈何地结束了。顺便说一下,当时 KISSO 公司向 5 家公司申请了"商贸对接",但最终只有我们一家公司同他们进行了面谈。

礼品展结束后,KISSO公司的熊本先生便开始不辞辛苦地往返于我们公司的大阪事务所与他们公司之间。每次会面时,无论我提出多么小的建议,熊本先生都会认真倾听,把我的建议带回公司,并且每个月会有两次左右把新加工出来的材料或样品带过来给我看。

但是,我们的努力并没有得到回报,销量减半的态势一直没有好转,公司业绩依然停滞不前。

难以用于生产眼镜以外产品的醋酸纤维素材料

第1章　探寻破产倒闭危机下的企业生存之"道"

这时的熊本先生显得有些焦虑，仿佛从他的表情中就能看出他内心的无助："我必须得做些什么，但从何做起呢？"为了帮助KISSO公司打开局面，我决定先去生产现场看一看，于是就带着我们公司的设计师去了靖江市的KISSO公司总部。

仔细听过现场员工的介绍后我才了解，原来醋酸纤维素具有不耐高温的特性，很容易弯曲变形。而且，日本工厂所使用的醋酸纤维素材料均产自意大利，在日本无法加工出原创图案，后期加工费用也十分高昂。可见，醋酸纤维素虽然是一种适用于眼镜制造用的优质材料，但却很难应用到其他商品制造上面。

如此一来，就算用醋酸纤维素来制作钥匙圈，售价也一定会超过3000日元。"3000日元的钥匙圈，应该不会有人买吧……"我开始苦恼起来，深切感受到了眼前这个难题的难度之高。

❖ **用现有设备就能开发的商品**

回到公司后,我们立刻着手设计具体的商品方案。设计团队提出了钟表、照明设备、花卉底座、圆珠笔笔帽、收纳盒等十余个方案。但是经过推敲后我们发现,这些产品要么制作难度高,要么材料费昂贵,无论哪个方案都无法切实解决眼前的难题。就这样,方案设计艰难地进行着。

正在一筹莫展之际,我突然注意到某件物品,那就是掏耳勺。掏耳勺和指甲刀一样,都是日常使用频率非常高的工具,也是很多人出差时的必备"神器"。虽然目前市场上不乏做工精巧、款式新颖的高档指甲刀商品,但掏耳勺基本都是在药妆店里销售的廉价商品。即便有一些掏耳勺做工考究,采用的也都是竹制材质,没有一款掏耳勺符合我的生活方式,能够激发我的购买欲。

想到这里,我脑海里突然浮现出来一个想法,

第1章 探寻破产倒闭危机下的企业生存之"道"

"那就不妨开发一款我自己也想要的商品（掏耳勺）好了。既然工厂里用的材料都产自意大利，那就开发一款让意大利人也喜欢的商品。"于是，我就向熊本先生提出了开发掏耳勺的商品方案。

庆幸的是，熊本先生对掏耳勺的商品方案也非常感兴趣。理由是与其他商品方案相比，掏耳勺体积细小，用料很少，这样就能有效控制成本。而且更为重要的是，它可以继续沿用眼镜的制造工艺，既不需要新的设备投资，对技术也没有特别要求。此外，一张板材可以得到充分利用，避免了材料的浪费。

话虽如此，我们要挑战的新商品在他人眼里也只是一件再普通不过的生活用品，很多人都认为我们的想法有点疯狂。KISSO 公司内部也形成了对立，主流意见仍然是全力以赴打造面向女性的饰品品牌，对于这个背道而驰的商品开发方案，很多人都提出了反对意见。面对层层压力，熊本先生没有放弃，而是展开了秘密推进商品化的"疯狂行动"。可以看出，熊本先生把公司的未来和希望都寄托在了新商品的开发上面。

在挑战从未尝试过的新领域时，需要的就是熊本先生这种义无反顾、坚毅果敢、当机立断的闯劲。处于困境的时候，人往往会产生悲观情绪，走向保守。但是如果不勇敢地迈出新的一步，一切都不会改变。起初我们也有些许不安，但熊本先生的热情、激情和执着坚定了我们的信心，商品开发也由此正式拉开了帷幕。

将眼镜腿主体部分的加工技术应用到掏耳勺上
（FACTORY900）

但是，研发之路并不顺利，试制一开始就遇

到了壁垒。

最初的方案是通过一体成型工艺将外观精美的醋酸纤维素材料一次性加工成掏耳勺，但无论怎么加工，最后成型的掏耳勺都存在顶端部分纤细、扁薄的缺陷。工厂里有人指出，用这样的掏耳勺掏耳朵的话，顶端部分无法承受太大力度，很容易折断。为了弥补这个缺陷，我们又进行了各种尝试与改进，但结果都不理想。这个时候，熊本先生提出了一个解决方案。

简单来说，就是用加工眼镜腿主体的机器在掏耳勺杆身底端钻出一个孔洞，然后插入一根钛棒以增加掏耳勺的牢固性。其实，这是应用了增加眼镜腿弹性、防止眼镜腿松动变形的插芯技术。如此一来，整个加工过程只需要延用眼镜框架的加工工艺即可，新的模具制作费用也仅需要几万日元。

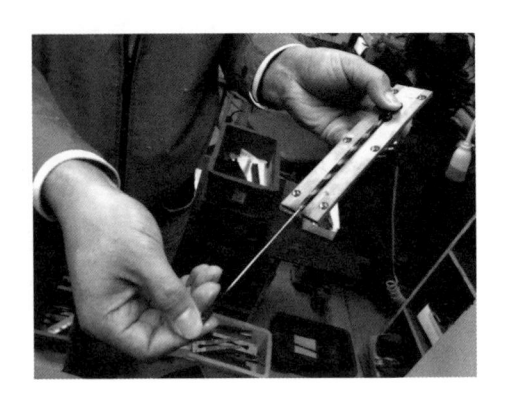

插入 β 钛棒后,掏耳勺加工完成

❖ 令人喷笑的包装设计的诞生

商品已经研发成型,接下来的任务就是要决定售价。

根据最初设定的预期销售价格计算成本后,我们发现无论怎么盘算,最终成本都会超过 3000 日元。于是,我们又调查了一下掏耳勺的市场价格,最高价格都没有超过 2000 日元。既然如此,我们决定不再纠结于成本问题,索性将制造材料

第1章 探寻破产倒闭危机下的企业生存之"道"

都换成最优质的材料,钛棒也换成了强度更高、弹性更优,钛中最高等级的 β 钛棒。

"可是,这么贵的掏耳勺能卖出去吗?"一想到这个问题,我心中还是感到一丝焦虑与不安。

于是,我们决定通过包装进一步提升商品的魅力。我们认为,包装设计是决定商品成败的关键。

最初,公司里有人提出采用试管形状的长筒形包装盒设计方案。如果单从商品的形状上来考虑的话,长筒形包装盒是最合适不过的。但是这样一来,我们辛辛苦苦开发出来的商品很有可能被销售商当作100日元的笔具一样捆成一打,随随便便地陈列在收银台旁的某个角落,这就更难让顾客信服包装里面的商品价值3000日元以上。

但话说回来,怎样才能让顾客第一次看到这个商品包装盒时,就能立刻想到里面装的是掏耳勺呢?思来想去,我认为如果不与顾客建立对话,顾客就很难想象出里面装的是什么。因此，这就需要得到销售商的配合，在顾客购物时能与顾客进行详尽的商品说明。同时，在陈列商品时要做到一件一件平放，确保每件商品都能占有一定的陈列空间。鉴于这一点，我们决定将掏耳勺的外包装做成四方盒形，而且要提升包装设计的创意性，以吸引更多顾客的目光。

于是，我想出了一个戴着眼镜的绅士和少女形象的包装图形设计方案。看到这个图案，顾客就会联想到这个掏耳勺的创意是源于眼镜。我认为，我们既然开拓出了"礼品赠送专用掏耳勺"这一崭新的领域，那么如果包装设计上再融入一些趣味性，就更能引起顾客的情感共鸣，从心理上激发顾客的兴奋点与购买欲。

为了避免顾客误解，我们又在使用说明书中补充了"该商品用于'掏'耳朵，并非'戴'着用"的信息。将商品命名为"Sabae mimikaki（鲭江掏耳勺)"，主要是为了强调该商品产自著名的眼镜产地鲭江。为了尽量节省成本，有很多业务甚至请了熊本先生的太太帮忙，但最终售价（税前）还是达到了3900日元。价格这么高，心里着实有些不安。

但无论怎样，我们的新商品终于在2012年9月的礼品展上正式亮相了。

回想起来，我与KISSO公司的熊本先生初遇是在2012年2月，之后仅仅不到半年的时间，我们就协助KISSO公司完成了新商品开发。连我们自己都不敢相信，一切都进展得如此迅速。我想，这一定是以熊本先生为首的KISSO公司上下团结一致、全力以赴致力于公司振兴的热情，以及熊本先生本人临危不惧、坚毅果敢的精神，深深地鼓舞和鞭策着我们奋力前行。

话虽如此，3900日元的高昂售价还是让我忐忑不安，直到礼品展的前一天，神经一直都处于紧绷状态。首批商品我们生产了1000件。因为考虑到包装盒的成本，至少印刷出1000个才能有效降低成本，所以掏耳勺也相应地生产了1000件。

"1000件产品的话，有一年时间差不多都能卖出去吧。"就这样，我心里做好了最坏的打算。

同时，就商品的风险分担问题，我们也与KISSO公司做好了协商。商品售出前的库存风险由KISSO公司承担；商品、包装、宣传册的设计，以及展会展销、宣传和销售方面的问题由我们公司负责。

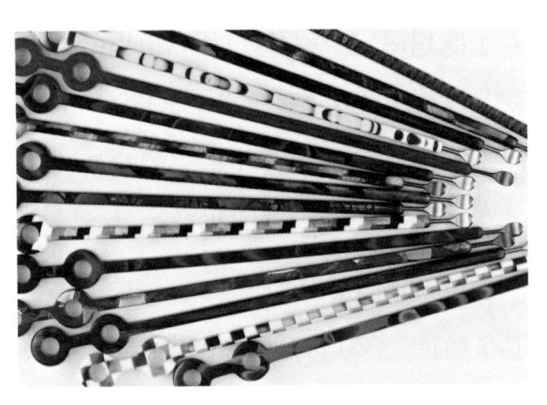

高级感十足的"Sabae mimikaki"

一眼就能看出商品创意源于眼镜的包装设计

❖ 意想不到的 5000 件商品订单

礼品展当天才发现,我的担心都是多余的,展位前的参观者络绎不绝,很多人都对我们的新款掏耳勺表现出极大的兴趣。就在展会的短短几天里,订购量竟然超过了 5000 件。就连当时正在进行店铺改装的梅田阪急百货(大阪市)也向我们提出,希望能在百货二期开业时的酬宾活动中,将我们生产的掏耳勺作为主打商品进行展销。

虽然我也对自己的商品有过期待，幻想过商品大卖的情景，但能引起这么大的反响是我始料未及的。心中的焦虑与不安也随之烟消云散，但我并没有被暂时的喜悦冲昏头脑。当时我们手头上只准备了 1000 件商品，于是我就紧急联系 KISSO 公司抓紧生产，全力追加供应。

与此同时，商品的热销还引来了众多新闻媒体的关注。虽然我们没有打过任何广告，但各大媒体纷纷主动报道我们的商品。设计类杂志《日经设计》还在 12 月刊的封面上刊登了我们生产的掏耳勺的照片。第二年，我们又荣获了优秀设计奖。接踵而至的好消息令我们和 KISSO 公司欣喜不已。

就这样，借助于各大媒体的积极宣传和推广，该商品迅速成为当下的热销商品，上市后短短两年，销量就突破了 15000 件。又过两年后，销量超过了 36000 件。

之后，KISSO 公司乘胜追击，继续使用醋酸纤维素材料开发出了各种商品。例如，应用眼镜架的镜框加工技术开发而成的"Sabae kutsubera（鲭江鞋拔）"，以及利用圆弧切削工艺开发而成的"Sabae tsumekiri（鲭江指甲刀）"，等等。其中，"Sabae tsumekiri"还融合了岐阜县关市的刀具制作技术。就这样，KISSO 公司利用眼镜的制造材料及加工工艺开发出各种美容工具，礼品型美容套装商品也陆续问世。

利用醋酸纤维素材料制作的鞋拔

主体部分使用醋酸纤维素材料的指甲刀

随着掏耳勺的走俏，以及媒体的报道和宣传，KISSO公司一跃成为日本全国知名的"掏耳勺公司"。原本的饰品业务也稳步增长，短短5年，饰品部门的销售额扩大了将近12倍。该公司成功实现了从一个普通的材料商社到综合杂货制造企业的蜕变。

与此同时，KISSO公司的财务状况也得到了大幅改善。该公司自主研发的各种杂货商品的毛利率已超过40%，远远高于之前从事的材料批发业务的毛利率。随着杂货商品销售比例的扩大，该公司逐渐走出了资不抵债的困境，并于2014年扭亏为盈。

记得有一次见到KISSO公司的吉川精一社长时，他满面笑容地对我说："以前我们公司想要向金融机构申请增加融资，简直比登天还难。但是最近，金融机构开始主动来找我谈融资的事了。"当时，吉川社长心里可能在想，"看你们（金融机构）这么虔诚，就勉为其难找你们融资吧。"

此外，吉川社长还告诉我说，公司明明没有发布招聘信息，却收到了大量来自福井县以外地区的"求职"咨询。可见，该公司作为鲭江市，乃至整个福井县的知名企业，其知名度和影响力已经扩散到了日本全国各地。同时，我们公司也开始负责KISSO公司的网页制作和展会展位设计等方面的业务。KISSO公司已从最初"找我们咨询业务的试用客户"升级为"委托我们业务的正式客户"。

KISSO公司的成功让我重新认识到了创意设计的重要性和惊人力量。一件有创意的商品、一个别出心裁的设计,足以改变一家公司的命运。而且,与大企业相比,创意设计对中小企业的影响更为显著。

KISSO 公司逆袭成功的理由

接下来,让我们一起分析总结一下 KISSO 公司是如何摆脱困境迈向成功之路的,当时我们都思考了什么,又是如何行动的。

反思 1 **突破产地思维壁垒**

鲭江市因盛产眼镜而闻名,也因此过度依赖眼镜产业发展经济。眼镜产业遭遇瓶颈后,如果一味地坚持固守,必将越陷越深,难以走出困局。

正是有了这样的危机意识,KISSO 公司才决定"放开眼界",开启"改变商业模式"的意识改革之路。

首先,KISSO 公司打破了"鲭江是眼镜产地"的固有观念,而把鲭江看成一个"既能制作眼镜,也能制作其他生产材料的基地(醋酸纤维素和钛等工业材料的精密加工基地)"。

同时，KISSO 公司不再拘泥于自身是一家经销眼镜制造材料的公司，也不再固守于"醋酸纤维素是用于制造眼镜框架的材料"这一固有思维，努力尝试使用醋酸纤维素开发眼镜以外的其他商品，以挖掘出醋酸纤维素的更多用途和可能性。

就这样，KISSO 公司成功摆脱了眼镜产地传统思维的束缚，开始进军饰品、杂货等当下比较流行的行业。

此外，眼镜产地内也存在着较为严格的产业链分工体系。一直以来，KISSO 公司都是作为供应商负责向上游企业提供制造材料的，如果贸然插手眼镜框架制造等其他方面的业务，必然会与上游企业（眼镜框架制造商）产生竞争。而在产业基地内打破固有的商业体系会被视为破坏行规。

但是如果进军其他行业，这个难题即可迎刃而解。由于是跨行业发展，无论生产什么销售什么，都不会与原行业的企业产生交集。因此，跨行业进军饰品和杂货等消费需求比较活跃的市场也是KISSO公司获得成功的重要原因。

当然，这并不是说要完全放弃主业，停止所有外包业务。一直以来，外包业务都是KISSO公司的"饭碗"（赖以生存的根本），不能轻易放弃。

事实上，近年来中国工厂的生产成本高涨，受此影响，很多企业又将生产基地迁回了日本国内。因此，沉寂多年的鲭江眼镜产业也似乎有了走出低谷的迹象。如果未来持续向好，也应考虑在眼镜相关领域投入更多精力。

总之，洞察市场发展趋势，厚积薄发，待时而动，便能捕捉更多的商机。

反思2　眼镜制造工艺的跨界应用

也许有人会认为，既然要开发新商品，就必须引进新设备，导入新技术，但事实并非如此。当然，在资金充裕的情况下另当别论，但如果公司一直处于资不抵债、入不敷出的状态，即使为了振兴，也很难进行大规模的设备投资。因此，合理利用"现有设备、现有技术"是不加重公司负担就能实现振兴的最佳途径。

对于一家公司来说，在专业技术以及制造工艺上的长期积累才是该公司最大的竞争优势。如果长期接触或生产某种特定的生产材料，对这种材料就可能无所不知。这就是优势，我们没有理由不好好利用。关键在于如何在结合当前市场需求的基础上，将这些技术、技艺以及材料灵活地运用到其他领域，并实现与该领域的有效融合。

KISSO公司正是把创新焦点集中在了"如何

利用眼镜的制造材料""如何应用眼镜的制造工艺去开发其他商品"。当然，眼镜框架的眼镜腿之所以能摇身一变，最终发展成为创意商品掏耳勺，还需要企业突破固有的思维定式，打破传统观念的束缚，换个角度重新审视公司的业务形态，只有这样才能另辟蹊径，开拓创新。而在此阶段，像我们这种非行业内的"局外人"的视角往往发挥着重要作用。

例如在眼镜行业，醋酸纤维素是一种昂贵的制造材料，这是业内人士熟知的常识。所以，业内人士会自然而然地认为，使用醋酸纤维素制造出来的商品价格不菲是理所当然的。但是，这只是了解材料价值的制造商单方面的想法，并没有站在顾客的角度思考问题。在像我这样不熟悉材质的人看来，商品材料与普通塑料没有任何区别，对于这么高的价格，我不敢苟同。了解我的想法后，KISSO公司意识到价格高并不是根本问题，只有充分提升商品的附加价值和趣味性，才能有效吸引顾客的视线，唤起购买欲。之后，便有了创意商品掏耳勺的问世。

由此可见，面对问题，我们往往是"当局者迷，旁观者清"。

反思3 **突出商品产自著名的眼镜生产地**

现如今，外观时尚的、炫酷的、可爱的……市场上五花八门的商品比比皆是。消费者再也不会因为某某商品是新上市的或是手工制作的，就对产品产生兴趣。相反，消费者对商品的诞生背景、品牌故事等抱有极大兴趣，比如某某商品为何被研发出来、是如何制作的、是谁设计出来的等，这些商品背后的故事更能引起消费者的情感共鸣，唤起他们的购买欲望。

因此，从这个意义上讲，创意商品掏耳勺通过包括包装设计在内的整体展示方式，简单易懂地向消费者传递了商品背后的开发背景以及品牌故事,这也是该商品获得成功的重要原因之一。

具体来说,该商品有效利用了"鲭江是著名的眼镜生产地"这一众人皆知的事实,最大限度地向消费者传达该商品出自著名的眼镜生产地的精密加工技术专家之手,应用眼镜框架的精密加工工艺精心加工而成,制作精良,品质可靠。故事的传递成功塑造了商品的良好形象。

在商场里,经常能看到这样一幕:一些顾客好奇地拿起我们的创意商品,似乎在想这到底是不是眼镜,做出各种窥视动作。当时,这些顾客可能完全想象不出里面装的不是眼镜,而是掏耳勺。这也成为我们与顾客沟通、向顾客讲述商品故事的契机,也是顾客对商品产生兴趣的开端。可以说,对于这个契机的产生,包装设计的作用功不可没。

反思 4　激发参与人员的斗志

在与街道工厂以及匠人们合作的过程中，我们只能算是商品开发的助力者，而不是商品的创造者。商品的真正创造者是工厂、匠人及设计师们。虽然我们参与了商品的构思设计与策划，有时还会亲临生产现场，一同参与制作，但我们的职责始终是守护与辅助。

因此，商品开发能否取得成功、能否带动公司振兴，归根结底取决于如何激发出参与人员的工作激情和热情。一个公司无论拥有多么先进的技术和工艺，材料和设备有多么与众不同，一旦直接参与开发的员工积极性不够，缺乏热情，商品开发就无法取得突破性成就。

当公司濒临破产倒闭时，人人都会自危，甚至丧失信心，做任何事都毫无斗志。然而越是在这种九死一生的危机时刻，越是要破釜沉舟、奋力一搏，否则不可能带领企业破茧重生。创意商

第1章　探寻破产倒闭危机下的企业生存之"道"

品掏耳勺之所以能脱颖而出，正是因为这个项目有了KISSO公司的设计总监熊本雄马先生这样激情饱满、雷厉风行的负责人的引领和参与。

从这个意义上讲，能否激发出参与人员的斗志和热情是摆脱危机、取得成功的决定性因素。同时，给予负责人足够的自主发挥空间，让其放手一搏，有时候也不失为一计良策。熊本先生就是在向社长详细汇报之前，独自开启了商品开发的"疯狂"行动。当然，熊本先生当时也是做好了"不成功，便成仁"的心理准备，一个人承担起了所有责任。在创意付诸实践、商品逐渐成型后，熊本先生也有了足够的信心和底气，这进一步激发起了他心中的斗志。

按照最初的协议，掏耳勺问世后本应是由我们公司负责销售，但熊本先生提出自己公司也想分担一部分销售业务。于是，我们决定双方共同销售并签署了版权合同。可见，熊本先生对这件从策划到生产、每一个开发环节都全程亲自参与的新商品寄予了旁人难以想象的情感。

掏耳勺热销后，熊本先生似乎愈发热情高涨，也经常会把"我现在对自己越来越有信心"这样的话挂在嘴边。可见，成功的经历是建立信心的关键所在，人只要尝试到成功的滋味，就会变得越来越坚强。

据熊本先生说，在此之前，他一门心思地只想着如何振兴公司，每天光是自己公司的事就已经忙得不可开交。而现如今，他的脑子里时常会产生如何振兴家乡鲭江市，或者如何在福井县开创一番新事业等诸如此类的想法，总之，他的格局变得越来越大，志向也越来越高。

熊本先生的想法也逐渐变成了现实。在鲭江有一个名为"鲭江礼品开发小组"的组织，该组织由鲭江市当地企业构成，各企业会联合开发商品并在礼品展上展销。KISSO公司被视为跨行经营成功的典范，如今已成为该组织的核心企业。此外，熊本先生还将他平时没有接触过的福井县

第1章　探寻破产倒闭危机下的企业生存之"道"

传统工艺行业的年轻匠人组织在一起，组建了一个名为"福井7人工艺武士"的团体。

熊本先生还意识到，鲭江作为日本著名城市，却没有一款属于自己特色的产品。于是，他使用眼镜模具，开发出一款名为"Sabae AMEGANE"的趣味糖果并参与了该商品的销售。这也是KISSO公司首次涉足食品行业。

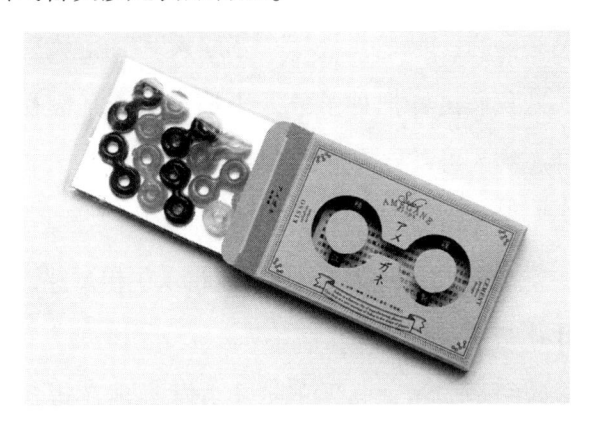

使用眼镜模具制作出来的糖果"Sabae AMEGANE"

此外，为了进一步向外地游客宣传鲭江市的眼镜文化，熊本先生还与当地的行政部门联手，将靖江市的一条主要街道改造成"眼镜街",牵头推进街区建设,努力把靖江打造成一座让游客随处都能感受到浓厚的眼镜文化的城市。熊本先生俨然已化身为"产业基地的创意总监"。

这就是我们追求的理想状态:当地的问题由当地人亲手解决。

我曾听人说过,为了实现地方创生,有三类人是必需的,即"风之人""水之人""土之人"。

像我们这样把种子植入土壤,赋予其最初生命样态的人可以称为"风之人"。随后,有了"水之人"的紧系土地、引渠灌溉,以及"土之人"的躬耕垄亩、不断劳作,种子才得以生根发芽,直至开花结果。

曾经是"土之人"的熊本先生,现在也自发担当起了"水之人"的角色。在掏耳勺项目中所取得的最大成果,或许就是促进了这些人的成长。

第1章 探寻破产倒闭危机下的企业生存之"道"

STORY ② 爱知县濑户市的陶瓷原型匠人吉桥贤一（株式会社 M. M. YOSHIHASHI）

拯救原型匠人于危难之中的"手织毛衣纹路器皿"

在 2009 年的一个派对上，我遇到了一位来自名古屋市的室内装饰店社长，这家店是我们公司开发的第一款商品"笑脸回形针（happy face clip）"的销售商之一。当时，这位社长向我介绍了陶瓷原型匠人吉桥贤一先生（当时 34 岁），并恳切地对我说："金谷先生，您一定要帮帮他。"

据该社长介绍，这位吉桥先生亲手打造出类似意大利面盘子一样的器皿，但一直苦于打不开销路。主要原因是他制作的这款意大利面盘子款式十分简约，和其他店销售的商品相比也没有什么特色，但每个盘子的制作成本却高达 2000 日元左右。

该社长突然把我引荐给吉桥先生，吉桥先生也是一副不知所措的样子，但眼神似乎在向我倾诉："什么建议都可以，一定要帮帮我。"

虽然我对这个商品并不看好，但碍于该社长的颜面也不好当面拒绝，于是就对吉桥先生说："有机会我先去您的工坊看看吧。"

几天后，我如约拜访了吉桥先生的公司——位于爱知县濑户市的株式会社 M. M. YOSHIHASHI。在那里我第一次了解到，原来陶瓷行业也存在着严格的产业链分工体系，吉桥先生并不是一个人负责全部制作流程。然后，我又进一步听吉桥先生讲述了目前陶瓷行业面临的严峻现状，以及在瓷窑产业体系中原型匠人的艰难处境。吉桥先生的话令我大跌眼镜，也可能因为我们是同龄人，心里顿时产生了想要伸出援手的冲动。于是我下定决心：虽然困难重重，但我一定要想办法帮助他找到打开局面的途径。

第1章 探寻破产倒闭危机下的企业生存之"道"

❖ 濒临"明天无业务可做"的破产危机边缘

濑户烧是与美浓烧、有田烧齐名的日本三大陶瓷之一,驰名于世。在日本,陶瓷也被称为"濑户物",关于它的由来众说纷纭。有一种说法是:由于濑户烧在日本陶瓷界有着极大的影响力,所以渐渐地"濑户物"就代表了陶瓷的意思。

昔日,以陶偶为代表的濑户烧陶瓷是日本为了赚取外汇的主要出口商品,曾经风光一时,但20世纪80年代以后出口量骤减。与此同时,日本国内的和食器需求量也开始走低。据说,如今的陶瓷器市场规模已跌落到了鼎盛时期的1/3。可以说,从事陶瓷行业的企业和匠人们所面临的处境整体上令人堪忧。

同其他行业一样,陶瓷业也确立了产地特有的产业链分工体系。具体来说,窑瓷厂负责烧制成型,材料商负责提供制造材料,而模具商负责制作批量生产用的模具。吉桥先生就是制作陶瓷原型的匠人，也是公司创立以来的第三代经营者。

昭和 34 年（1959 年），在大型窑瓷厂制模部工作的吉桥先生的祖父自立门户，创立了该公司，创业初期主要制作陶偶出口海外。该公司传到吉桥先生的父亲那一代后，开始制作餐具模具。虽然模具制作是陶瓷制作流程中最重要的环节，但无奈处于产业链下游，劳务费被压得很低，所以公司几乎没有利润空间。

恰巧当时非常流行使用石膏制作汽车零件模具，劳务费是陶瓷模具的两倍。于是，吉桥先生的父亲决定转向汽车行业，生产汽车零件模具。

曾在时装行业工作过一段时间的吉桥先生从 28 岁起开始跟随父亲学艺，当时的主要工作就是制作汽车零件模具。但是随着 3D、CAD 等电脑科技的日益发展，模具在汽车产业渐渐失去了用途。

第1章 探寻破产倒闭危机下的企业生存之"道"

就在吉桥先生迎来成为模具匠人的第五年的时候，该公司与汽车相关的业务彻底告一段落，这让吉桥先生迫切感受到了作为分包商的危机感。

于是该公司重归本行，再次转回陶瓷行业，制作餐具模具。但是由于多年来一直从事汽车产业的业务，所以该公司在陶瓷行业已经没有了熟悉的客户。不仅如此，由于陶瓷行业整体销售萎靡不振，该公司年销售额也从5000万日元顷刻间跌落至2000万日元。该公司除了吉桥先生的父亲和吉桥先生本人以外还有两名员工，如今大家都陷入了"明天无业务可做"的窘境。

据吉桥先生讲，当时他的内心非常急切："必须想办法开拓新的业务，否则模具的制作技术就会消失在我这一代。"通过吉桥先生的讲述我又了解到，按照行规，模具商只能承接批发商或窑瓷厂分包下来的业务，私自策划并销售成品在行业内是不被允许的。这是因为，由于存在长期业务关系，模具商对批发商或窑瓷厂的商品非常了解，因此批发商或窑瓷厂会对模具商时刻保持警惕，担心自己的商品被其仿制。而如果模具商真的走出开发成品这一步，窑瓷厂就会终止与模具商的所有合作，这也是陶瓷产地的"潜在行规"。

话虽如此，但吉桥先生认为如今公司已经濒临破产，这种危机时刻不能再因循守旧，拘泥于这种陈规陋习。于是，本来还有些犹豫不决的吉桥先生终于下定决心，开始着手开发新商品。

吉桥先生追忆当时的心境时曾这样说道："模具商的劳务费从战后起几乎没有任何变化。初进这个行业的时候我就意识到，仅仅从事模具制作这一单一业务是没有未来的，将来有一天我也要开发一些产品，但没想到偏偏是在这个时候……"

原本，吉桥先生是一个整天埋在工坊只知道闷头制作的匠人。而如今，他必须硬着头皮担负起去各家店铺跑业务的重任。尽管有很多不适，但吉桥先生一直坚持不懈，也物色到很多看似不错的商家。可惜的是，吉桥先生基本每次都是"乘兴而去，败兴而归"，几乎没有商家对吉桥先生带过去的意大利面盘子表示出兴趣，这令吉桥先生大受打击。

❖ 精巧至极的手工雕刻技艺的有效利用

走进吉桥先生的工坊，首先映入眼帘的是摆放在置物架上的各种精致的手工雕刻作品，有栩栩如生的十二生肖摆件，也有形形色色的动物雕刻。每一件都是精雕细琢，就连我这种不懂雕刻的人也能感受到雕刻者精湛高超的技艺。

"既然能雕刻出这么精美的作品，为什么意大利面盘子的款式这么简约呢?"我觉得很不可思议。在经过与吉桥先生的一番详谈后，我对陶瓷行业的"常识"又有了新的了解。

原来，陶瓷厂都极度排斥制作表面凹凸设计

的器皿，因为制作这样的器皿需要使用专用的模具，这样就会增加很多额外成本。所以，陶瓷厂一般都会尽可能地采用造型简洁、加工简单的模具来制造商品，之后再通过色彩和图案的搭配设计来增加商品的丰富度，这可以说是陶瓷行业的一条商业惯例。

精致的手工雕刻摆件

鉴于此，模具商在制作模具时很少会雕刻花纹。模具行业的技艺父传子、子传孙，吉桥先生的祖父在长年制作人偶过程中打磨出来的手工雕刻技术自然也顺利传到了吉桥先生这一代。

第1章 探寻破产倒闭危机下的企业生存之"道"

仔细想来，目前市场上的和风餐具表面光滑平整者居多，同质化现象严重。如果能在表面做出凹凸效果，一定能与一般商品形成差异化。而且，当时在濑户还没有哪个商家敢于冒险尝试制作这样的餐具。

于是我就劝吉桥先生挑战一下，并鼓励他说："你拥有其他模具匠人所不具备的高超精湛的雕刻技术，这样得天独厚的优势，不好好利用一下实在是太可惜了。"

起初吉桥先生表现得十分犹豫，对这种没有制作过的模具也没有什么信心，但最后可能是公司濒临破产的危机感让他下定了决心，他终于同意了我的建议，并鼓足勇气说道："既然没做过，我们就试试看。"

商品开发正式拉开帷幕，但其中的艰难可想而知。首先，为了能开发出一件造型独特的商品，从材料的采购到批量生产的规划、窑炉的安排等，这些过去由窑瓷厂一手负责的业务如今都要由该公司独立完成。同时，由于打破了模具商不得开发商品这条行规，挑战的又是一件前所未有的高难度造型的商品，周围的材料商和窑瓷厂都不太愿意配合。

就是在这样艰难的条件下，吉桥先生的公司终于开发出一款外观酷似树干雕刻的陶制马克杯，将其命名为"Perch Cup（栖木杯）"。同时，杯子的"枝头"还雕刻有正在休憩的松鼠和小鸟，十分生动形象。

之所以选择开发马克杯，是因为它不需要像餐盘那样备齐一系列不同尺寸的商品，只需要制作一个尺寸即可，这样就可以有效减少风险。此外，马克杯不仅可以在餐具店，还能在室内装饰杂货店和文具店等多种店铺展开销售，市场覆盖面更广。

在商品开发过程中，吉桥先生还意识到为了

控制成本，一批马克杯至少要烧制 1000 个左右，否则会导致价格与成本不匹配。此外，如果只生产一种款式，商品一旦滞销，就会导致大量库存积压，因此有必要在丰富商品种类上下功夫。

于是，吉桥先生开始苦苦思索，如何能在尽量控制风险的同时丰富商品的多样性。最终，商品的设计方案定为在杯身保持树干雕刻造型不变的同时，"枝头"部分的设计款式分为小鸟款和松鼠款两种。商品表面涂抹的釉彩颜色采用白、茶、绿、蓝、灰五种。这样一来，第一批制造出来的 1000 个商品就可以分为 10 个型号，每个型号的商品只需占用 100 个库存。

同时，商品种类的丰富也增加了商品在柜台陈列时的吸引力。新商品上市后，引来了各地经销商的关注，商品销路得以逐渐打开。

外观酷似树干雕刻的陶制马克杯"Perch Cup"

❖ 无人能及的技术通过商品为世人所熟知

在开发马克杯的同时,吉桥先生还设计了一款名为"Trace Face"的陶制茶杯。其通过精湛的手工雕刻工艺在杯身雕刻出类似手织毛衣般细腻的"毛衣纹路",这种工艺可以说是用"手工雕刻"表现出了"手工编织"。除此以外,他还设计出了藤条纹路等其他款式。为了制作这些款式的原型,吉桥先生进行了多次试制,也和我进行了

第1章 探寻破产倒闭危机下的企业生存之"道"

多次交流。他足足花了数周时间才完成了最终原型的定型。

原型制作虽然告一段落,但接下来窑瓷厂却陷入了苦战。

吉桥先生委托美浓市的一家窑瓷厂完成茶杯的烧制。由于该工厂是第一次烧制这种表面凹凸设计的陶器,所以一开始走了很多弯路,第一次烧制的茶杯有一半都是次品。之后经过反复尝试,不断总结经验,该工厂渐渐掌握了烧制的诀窍,成功率也逐渐提高了。

可见,在挑战新事物的时候,总会遇到这样那样的困难和挫折。唯有不畏险阻,大胆地去尝试,才能获得更多的可能性。就像吉桥先生当初所说的那样,"既然没做过,我们就试试看"。如今,这句话已经成了吉桥先生的口头禅,在商品开发过程中时常挂在嘴边。

陶瓷器制作进入后期,通常都要在表面上釉,使其具有光泽。在此次茶杯制作的流程中，吉桥先生原本也安排了上釉这一环节，但他发现上釉后精心设计出来的凹凸效果会被严重淡化，所以他果断放弃了上釉这一环节。这样一来，杯身纹路清晰，立体感更强，错落有致的凹凸感给人一种独特的视觉享受。

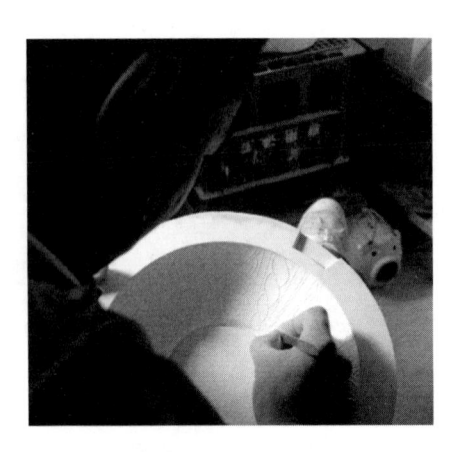

精致的手工雕刻模具

就这样，在历经千辛万苦后，这件"前所未见"的新商品终于问世，并立刻引发了社会热议。

手织毛衣纹路茶杯"Trace Face"

甚至连位于东京表参道的著名博物馆商店"MoMA设计商店"也在新商品发布后不久就引进了我们的商品。这家店铺汇集了各类极具设计感的商品，其销售动向一直备受全国各大商铺的关注。此后不久，人气杂货店也出现了类似的商品，山寨商品开始泛滥起来。这足以证明，新商品给市场带来了巨大的影响力。

之后，吉桥先生又陆续开发出了毛衣纹路的

大碗和灯罩。恰好在那个时候，东京电视台纪录片《盖亚的黎明》（2012年11月播放）对我们进行了专访，在节目中大量介绍了商品开发时的相关细节，节目播出后反响强烈，远远超出了预期。尤其是吉桥先生本人，可以说是发生了翻天覆地的变化。

毛衣纹路大碗 "Trace Face donburi"

在此之前，濑户当地几乎没有人知道吉桥先生的存在。但节目播出后，他被标榜为"可完成精细加工的、技艺高超的手工雕刻模具匠人"，一

灯罩"Trace Face Light"

时间声名大振,在日本全国的知名度迅速提升。

在濑户市和美浓市,很多原型工坊因业务青黄不接接连倒闭,吉桥先生的公司却能收到大量来自窑瓷厂的原型制作订单。此外,一些室内装饰店也开始委托吉桥先生制造自己公司的商品,甚至连一些无人承接的高难度复杂业务,他们也会来找吉桥先生商量。对他们来说,吉桥先生已成了唯一的希望寄托。总之,如今该公司已彻底走出了困境,昔日的萧条冷清也早已荡然无存。

但是，过多的业务量远远超出了公司的承受能力，无奈之下，吉桥先生只能被迫放弃承接新业务。

与此同时，吉桥先生的工坊也在稳步向综合制造商转型。吉桥先生利用模具技术已经开发出了两个原创餐具品牌，并在东京举办的室内装饰综合展览会上进行了单独展出。

模具制作企业的发展既要依靠匠人自己的力量，同时也深受位于产业链上游的窑瓷厂发展情况的影响。因此，吉桥先生不再止步于模具行业，而是选择了自己开发商品来开拓公司未来的道路。看到自己开发的商品在客户之间广泛传播，吉桥先生切身感受到了自己的工作给客户带来的惊喜和感动，也体验到了原型制作时体会不到的成就感和满足感。

吉桥先生逆袭成功的理由

陶瓷原型匠人吉桥先生为什么能成功摆脱破产危机呢？接下来让我们分析一下原因。

反思 1 **制作意大利面盘子的仓促之举**

我认为吉桥先生当时的这个决定并不可取。但是在街道工厂人的常识里，机器"永不停歇"地运转，匠人"永无休止"地埋头苦干，这才是街道工厂的日常。一旦无业务可做或因其他原因闲歇下来，他们就会感到莫名的"罪恶感"和"危机感"。于是，他们便会尝试开发某种商品。

遗憾的是，这个时候开发商品往往是为了尽快摆脱困境的仓促之举，大多没有经过深思熟虑，结果导致库存积压，让原本就艰难的处境更加雪上加霜。

吉桥先生便是如此。当初为了摆脱无业务可做的窘境，他盲目地制作了一些没有什么特色的餐盘，导致公司又陷入了大量库存无处可销的尴尬处境。像这样，既没有制订周密的开发计划，也没有设计合理的流通渠道，头脑一热，仓促开发，是难以取得成功的。

庆幸的是，吉桥先生果断放弃了"同质化"商品的生产，并开发出"前所未见"的手织毛衣纹路的器皿，让公司成功摆脱了破产危机。

反思2　独特技术优势的有效利用

很多街道工厂和匠人都没有认识到自身的优势所在。例如，自己究竟擅长些什么，哪些事情是他人做不到而自己能做到的……这不禁让人觉得有些可惜，越是在危机时刻，这些优势就越能成为我们摆脱危机的有力武器。而为了挖掘出这些优势，我们就必须重新审视一下自己的公司，对目前公司设备如何、拥有哪些过硬的技术等逐一进行梳理。

此外，我们也不要只盯着眼前的业务，不妨想想利用这些设备、这些技术还能挑战什么新的业务。总之，我们要尽可能地通过多维度思考深度挖掘出自身的潜在优势。

吉桥先生拥有精湛的手工雕刻技术，却因为一直未能得到有效利用而被埋没。为了让自己的技术以通俗易懂的方式走近大众，最佳途径就是最大限度地活用这些技术，将其转化为具体的商品。商品可以"零距离"走进大众视野，也会获得新闻媒体的推广传播。

总之，对于一个公司来说，充分了解自己的技术、材料，以及与客户建立的人脉关系等，即所谓的有形资源和无形资源，并积极思考利用这些资源的有效途径，是至关重要的。

反思3 打破常识，制作凹凸设计的器皿

为了创造新事物、成就"前所未有之事"，需要怀疑常识、颠覆常识，从某种意义上来说，这就是"常识"。只有这样，才能打破传统束缚，迎来创新的曙光。

就陶瓷行业来说，一直以来从没有商家生产过表面凹凸设计的餐具。首先，生产这样的餐具需要专用的模具，而且烧制过程中易变形，废品率高。其次，与造型简单的商品相比，制作原型及批量生产用的模型也会增加相应的成本，同时又会花费大量的时间和精力。

因此，可以理解商家都倾向于制造造型简单、省时省力的商品，但是这样的商品无法成为畅销商品，因为他们只是制造了自己想制造或容易制造的商品，忽略了商品开发最重要的前提，即满足顾客需求。尤其是在同质化商品泛滥的当下，

只有做到商品设计与众不同，才能让自己的商品脱颖而出。

虽然吉桥先生的公司只是一家规模较小的小型模具公司，但也正因为是小公司，其面对挑战才敢于抛弃一切，迎难而上，做到了大公司"所不能之事"，也因此成功走出了困境，使公司转危为安。

当然，为了成就"前所未有之事"，经历困难和挫折总是在所难免的。吉桥先生为了能在器皿上雕刻出"手织毛衣纹路"耗费了大量的时间和精力，在烧制成型环节，初次烧制表面凹凸设计器皿的窑瓷厂也是历经了反复的尝试与失败。成功的背后总会有不辞辛苦的努力，而这些困难与挫折正是通往成功的必经之路。

总之，为了能创造出满足新时代消费需求的创新商品，越是规模较小的公司，越要敢于面对种种挑战,无畏无惧,勇往直前。而挑战过后,等待我们的将是前所未有的创新与新奇,带给顾客的也将是数不尽的惊喜与感动。

第 1 章 探寻破产倒闭危机下的企业生存之"道"

> **STORY ③** 静冈县热海市门窗隔扇制造商（有限会社西岛木工所）

重启新生之路，沿用门窗隔扇制作技术打造"砧板"

2012 年 11 月，在东京电视台纪录片《盖亚的黎明》中，播放了 STORY②中介绍的我与陶瓷原型匠人吉桥先生一起开发商品的经历。有意思的是，竟然有人还没等节目播放结束就找到我的 Facebook 账号，直接发了封邮件给我。这个人就是在静冈县热海市从事门窗隔扇制造的西岛木工所的西岛洋辅先生（当时 26 岁）。在邮件中，他这样写道："有件事务必向您当面请教一下……"

从他突然给我发邮件而不是通过公司网页咨询的举动，以及发邮件的时间和内容上来看，我能强烈地感受到他当时十分急切的心情。几天后，我给他回了封邮件，表示愿意和他见面。于是，洋辅先生的父亲、也就是西岛木工所的第二代社长西岛则雄先生（61岁）与在木工所工作的洋辅先生的母亲西岛祥世女士（54岁），以及洋辅先生本人一同来到了我位于东京表参道的事务所。来的时候，洋辅先生两只手上还提着鼓鼓的旅行袋和纸袋。

一进事务所，洋辅先生就轻轻地从包里掏出各种各样的木工工艺品。有用"组子细工"技术（花格工艺）制作的摆件和杯垫，也有将木头裁成薄片后加工而成的木书签和木制书皮……据说，每一件商品都是他们自己精心设计、精心制作而成。

❖ 老客户（建筑公司）订单骤减，年销售额下降至巅峰时的1/4

洋辅先生的祖父在昭和22年（1947年）创立了西岛木工所，主要生产拉门和隔扇等门窗用品。

第1章 探寻破产倒闭危机下的企业生存之"道"

使用门窗隔扇制作技术加工的木工物件

公司业务几乎都是来自当地建筑公司的外包业务，客户也主要是当地新建住宅居民和热海一带的旅馆。

然而，近年来随着住宅建筑风格逐渐走向西洋化，以及提供一站式服务的住宅制造商的异军突起，门窗隔扇的需求骤减。此外，20世纪80年代热海市的旅馆曾超过800家，但近年来倒闭不断，目前数量已不到原来的40%。西岛木工所的老客户——一些建筑工程行业的公司，受此影响也接连破产。

如今，西岛木工所与日本各地的外包企业一样，遭遇着前所未有的严重困难。

随着2000年护理保险制度的实施，日本开始出现一些利用保险在住宅内安装扶手等设施的家庭，这些住宅改造方面业务的增加，逐渐填补了门窗隔扇需求骤减所带来的亏损。但是好景不长，由于每年有越来越多的企业参与这方面的业务，企业间的竞争显著加剧，订单量开始下跌。据说西岛木工所巅峰时期的销售额高达9000万日元，当3人来找我咨询的时候却已跌落到了巅峰时期的1/4。

西岛木工所原有洋辅先生的父亲、洋辅先生的母亲，以及一位70多岁的老匠人3名员工。洋辅先生本人大学毕业后曾就职于一家环境调查公司，但后来由于身体原因辞去了工作回到老

第1章 探寻破产倒闭危机下的企业生存之"道"

家,加入到了3人的工作行列。原本就捉襟见肘的木工所如今却要维系一家大小的生计,为了创造新的收入来源,他们开始着手制作一些木工小物件。

"我们是一家门窗隔扇制造商,门窗隔扇业务量的减少让我们感到很无奈,但我们希望至少能以另外一种形式将我们的技术展现出来。"3人看着摊满桌面的物件,道出了开发时的初衷。

我简单看了一下,感觉这些物件与旅游观光地的特产店销售的商品相比,可谓大同小异。看上去基本都是一些类似门窗隔扇的迷你模型一样的商品,给我的整体感觉是有些平淡无奇,只不过是利用自己的技术制造的一些容易加工的,或者说是没有任何创新的商品而已。

为了打开商品销路,3人可谓是四处奔波。他们去过当地的特产店,突然向对方推销商品(据说,他们当初不太了解跑业务前需要提前预约的商业规则）；也跑过当地报社，希望能得到报社的报道；还多次前往市政府，请市政府帮忙介绍展示场地……当地人这样评价他们："这家门窗隔扇制造商真奇怪，一天天就知道推销商品。"尽管如此，销路却并不理想。后来有一次，在东京都内某百货商场主办的展销会上看到了其他公司的展销商品后，3人终于意识到了自己公司商品的不足。洋辅先生感慨地说道："我们公司的商品与其他公司的商品相比明显逊色很多，这让我深深认识到了自己创新设计能力的不足。"

❖联系10家以上设计公司都杳无音讯

3人在意识到仅凭自己的力量很难有所突破后，决定开始寻求设计师的帮助。但是，他们从来没有接触过设计行业，也不知道要去哪里能见到设计师。在当地商工会议所的介绍下，他们认识了一位设计师，但这位设计师对木工不太了解，也表现得不是很感兴趣,所以与这位设计师的沟通一直没有取得什么进展。

后来,他们又上网查询了各家设计公司的主页,只要发现有木工作品设计经历的,就立刻给对方发送咨询邮件。但遗憾的是,绝大多数公司都没有给他们回信,即使有也是草草应付。就在3人一筹莫展之际,他们偶然间看到了采访我的电视节目。

"我当时就觉得这个人一定会向我们施以援手,于是就对一起看节目的儿子说'快发邮件给这位先生'。所以今天见到您就像见到救命稻草一样。"祥世女士笑着对我说道,眼神中充满着期待。

看过他们带来的木工物件后,我心想,这不太容易吧……感觉就凭眼前这些商品再怎么努力也难以打开销路。想要突破现状,就必须开发新的商品。为了进一步了解情况,我决定先去生产现场看一看，于是就去了他们位于热海市的工坊。

放置于西岛木工所工坊内的半个世纪前的机器

工坊内放置着一台似乎用过很久的充满年代感的机器。据说这是切割方木用的机器，由上一代社长购进，至今已经使用超过半个世纪了。此外，由于要用来加工门窗隔扇，所以刀具只可用于直切。仔细想来，门窗隔扇的确只需要切割出四角或直边造型。

说到木工所，很多人会认为只要是木工制品什么都能制作，但实际上，木工行业涉及范围很广，其技艺侧重点也有很大不同。就像门窗隔扇制造商只擅长垂直切割，不能像家具工厂那样将木材切割出弧形或圆形。而且，由于刀具尺寸较大，所以不适合切割细小的木材。此外，门窗隔扇制造商的加工用材也只限于桧木等特殊的木材。

离工坊稍远的另一栋楼里，还放置着另外一台机器。这是一台激光雕刻机，可以在木头表面刻印出文字或图案。据说这台机器除了被用来加工过几次旅馆的招牌和信息展示板外，就一直处于闲置状态。当时我心想：除了这台机器外，这家店基本没什么优势可言，要改进的地方实在太多了。

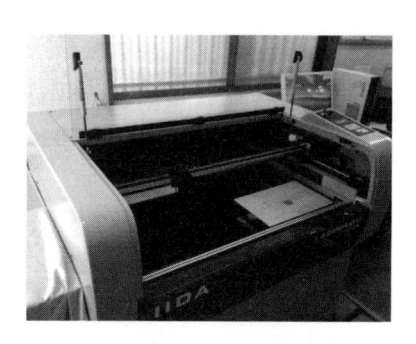

处于闲置状态的激光雕刻机

可以刻印名字

从当时现场的生产条件来看,想要开发新的木工制品是非常困难的。而且,以该店当时的经济状况,引进新机器设备也只能是天方夜谭。难道就没有其他解决办法吗?我突然想到还有利用政府开发补助金这个途径。于是,我向热海市政府提出了申请,但市政府负责人给出的答复是:"由于热海市85%的产业是服务业,所以目前只有针对旅游和食品等服务行业的补助金,针对制造业还没有相应的政策。"

得不到政府的援助,也想不出什么其他可以

第1章 探寻破产倒闭危机下的企业生存之"道"

获得资金的渠道。但是如果没有可用资金,一切就是空谈。对于我们公司来说,无论是开展设计还是派遣员工都需要有相应的预算,否则我们是无法接受这项业务的。但是,面对西岛先生一家殷切的期待,我实在不忍心拒绝。于是,我决定在其他工作的闲暇之余以个人名义承担起西岛家的业务,同他们一起携手致力于新商品开发。而且,我们约定好关于新商品没有开发期限等条件制约。自那以后,每次从东京到大阪出差的时候,我都会找时间和他们见上一面,就开发情况彼此交换一下意见。

但是,事情并没有想象中进展得那么顺利。关于新商品的开发方案一直没有什么头绪。商品开发几乎处于停滞不前的状态,此时的我也是心有余而力不足,不免有些失落。即便如此,西岛先生一家也并没有因此而动摇,当我们公司在东京礼品展上展销的时候,依然坚持来找我咨询。尽管每次见面时他们都没有明确提出什么请求，但西岛先生一家"无言的期待"还是令我感到一阵阵无形的压力。现在回想起来，我认为这对我们双方来说都是一段艰难的时期。

❖ **用创意补齐价格短板**

我静下心来重新分析了一下西岛家的优势和短板，经过反复思索，我恍然大悟：既然西岛木工所擅长直切技术，那么就应该最大限度地利用这个优势，制作砧板也许就是一个不错的选择。但问题是，砧板是一件再普通不过的生活用品，无论是家居杂货店还是百元店都随处可见。而且，西岛木工所使用的制作材料是国产桧木，制作成本就要比一般砧板高出很多。

这样一来，与市场上的现有商品相比，首先价格上就不具备优势，要想与之抗衡，就必须突出特色，打造亮点，制订出合理的开发计划。

第1章 探寻破产倒闭危机下的企业生存之"道"

"什么样的砧板才符合当代人的生活需求呢?"我一直苦思冥想。

我们公司也从事餐饮业务,有时还会承办酒席宴会。有一次,我看到一个工作人员正在装盘,突然灵机一动,脑子里浮现出了一个想法:如果我们的商品既能在日常生活中正常使用,又能在偶尔举办的家庭聚会上派上用场,那该有多好。

如今,家庭聚会十分盛行,在社交网络上经常能看到大家上传的家庭聚会的照片。在家里聚餐时少不了要使用一些拼盘餐具……我的脑海里渐渐勾画出了新商品的使用情景。

此外,如果把新商品定位为礼品专用商品,用于赠送搬家或乔迁新居的友人,这样一来,商品价格越高,反而越能令消费者接受,同时还可以利用木工所的激光雕刻机,按照顾客要求在商品上刻印出原创内容。

经过苦心构思,新商品的形象逐渐浮出水面:

一面是切食材用的砧板，翻过来的另一面可作为盛放食物的拼盘餐具使用；此外，还可以利用激光雕刻机在餐盘上雕绘出精美的图案，这样一来，即使不擅长摆盘的人，也能轻松随意地摆出一个高颜值的拼盘。这就是我们的新商品"face two face"，一款同时拥有"切菜"与"盛放"两种不同用途的木质餐盘。

回想起来，为了开发出这款新商品，我们足足花了一年半左右的时间。

基本设计方案确定后，接下来就要具体考虑使用什么材质的木料、雕绘什么样的图案等细节问题。我们收集了工坊里所有的木料和工具，并利用现有加工技术制作出多种材质的试制品。之后我将各种试制品带到我在大阪经营的餐厅，逐一试用，验证了一下效果。

综合比较过后，我们决定正式生产时采用奈良产的吉野桧木木料。这是一种使用100年以上树

第1章　探寻破产倒闭危机下的企业生存之"道"

既可作为切食材用的砧板，又可作为盛放食物的拼盘餐具使用的"face two face"

龄的桧木加工而成的非胶合板的无节纯木板材。这种板材在市场上流通较少，因此十分珍贵。桧木通常价格较高，但西岛木工所拥有一些特殊的渠道，可以低价采购加工建材时多出来的桧木余料。本以为这能成为开发新商品的优势，但后来才知道，毕竟是桧木材质，即使是余料价格也并不便宜。

如此一来，最终的销售价格就有些令人担忧。虽然我们对产品的质量有足够的信心，但如果销售价格不能让消费者接受就没有任何意义。于是我让洋辅先生直接与奈良的木材公司交涉了一下木料进价，结果对方的答复是"L号木料10800日元，S号木料6800日元"。虽然价格有所下调，但并没有降到我们想要的理想价位。

我认为按照目前的木料成本定价的话，商品很难打开市场，有必要重新研究一下开发方案。于是我向洋辅先生一家提出了延迟商品发售的建议，但他们的回答是"No"，并且告诉我说："无论如何都想现在发售。我们现在几乎无业务可做，只能孤注一掷，把希望寄托在新商品上。"从他们斩钉截铁的言语中，我深深感受到他们置之死地而后生的决心。

第1章 探寻破产倒闭危机下的企业生存之"道"

之后经过探讨,为了尽可能降低风险,我们决定先投入小批量生产,并在展会上进行展销。

万幸的是,在2014年2月的礼品展上,我们的新商品因独特的双重用途和前所未有的创新设计获得了极大的关注。但是,随着新商品引发热议,其他公司很有可能推出设计相似、价格更低的商品。因此,我们决定一方面加紧申请知识产权,另一方面想办法尽快提高商品的知名度。

于是,我通过热海市政府的介绍,找到了当地的一所著名酒店——"星野集团RISONARE热海(Hoshino Resorts RISONARE Atami)",并进行了商品展示。恰好当时星野集团也在考虑同当地企业合作,因此同意了引进我们的商品并作为酒店内"树屋(Treehouse)"的活动工具投入使用。就这样,我们的商品成功打入了日本全国知名酒店,一时间声名大噪。

著名酒店"星野集团 RISONARE 热海"引进了我们的商品

❖"活到最后"才能"笑到最后"

与此同时,我告诫西岛木工所说:"目前商品的价格并不具备优势,如果不积极宣传的话,很难进一步打开销路。"

于是,他们立刻开展了营销活动。由于没有什么特别的门路,他们抱着尝试的心态向各种媒

第1章 探寻破产倒闭危机下的企业生存之"道"

体挨家挨户地发送商品资料,并打电话到 NHK 等各家电视台,有时还会把商品实物寄到一些电视节目组。功夫不负有心人,我们的商品终于获得了早间新闻节目《早安日本》节目组的青睐,在受邀采访录制成节目后,我们的商品就这样成功地登上了电视台。

此后,日本各大全国性报刊、地方报刊以及网络媒体也纷纷报道了我们的商品。果然,只要商品本身具有足够的趣味性和独创性,自然会吸引媒体的聚焦关注。

就这样,我们的商品成了家喻户晓的热销商品,销售额稳步增长。同时,西岛木工所也走进了大众的视线并引发热议:"原来静冈县热海市还有一家门窗隔扇店。"

正如前文提到的那样,如今门窗隔扇行业十分萧条,很多子承父业的公司因为后继无人纷纷闭店撤出。如今,热海周边门窗隔扇公司已经所剩无几了。

但是,门窗隔扇的需求并没有完全消失。由于大多数公司的撤出,这些业务自然就会集中到坚持下来的几家公司身上,也许这就是所谓的"幸存者利益"吧。不轻易放弃,迎难而上,咬紧牙关想办法渡过难关,只有这样的公司才能逆袭成功,笑到最后。

随着西岛木工所在媒体上的频繁曝光,主打的门窗隔扇制作和住宅改造等外包业务开始逐步恢复,曾一度降至"冰点"的销售额也在电视报道后的次年上升到了原来的1.5倍。而且,他们很快又开始筹划下一步行动。

为了实现从普通门窗隔扇制造商到综合性木工制品公司的蜕变,2017年10月,西岛木工所与马塞克瓷砖艺术家中村纯子女士合作,成功打造出"组子细工"(花格工艺)和瓷砖工艺相结合的新品牌"KUMIKO MOSAIC"。新品牌代表在品牌发布会上曾这样介绍道:"'组子细工'(花格工艺)和瓷砖的完美结合,将给我们带来一种全新的室内装饰体验。希望通过我们的商品,能为更多追求个性化的消费者提供居家环境的美学升级。"

就这样,西岛木工所不断打造时尚、个性、有品位的商品,以实现与其他同类商品的差异化,满足消费者的个性化需求。

早期的西岛木工所只知道专注于自己的技术,长期制造一成不变的门窗隔扇类商品,根本无暇顾及市场动向和消费者需求。而如今,西岛木工所会时刻关注市场走势,紧跟消费者需求,不断推进商品创新。虽然还有很多问题尚未解决,但我衷心期待已经取得突破性进展的西岛木工所,今后的事业蒸蒸日上。

运用门窗隔扇工艺实现了"组子细工"和瓷砖工艺相结合的新品牌"KUMIKO MOSAIC"（摄影：平林由一）

第1章 探寻破产倒闭危机下的企业生存之"道"

西岛木工所逆袭成功的理由

破产危机一触即发的西岛木工所是如何实现转危为安的呢?接下来,让我们一起分析一下原因。

反思 1 **最重要的不是砧板销量**

提到商品开发,很多人会简单地理解为就是如何打造一款热销商品,其实并不尽然。新开发出来的商品销量固然重要,但相比而言,新商品所带来的新机遇、新契机远比销量本身重要。通过商品,如果能将公司的经营范围、经营理念、经营优势等信息展示给社会,从而产生强烈的影响,帮助公司树立口碑,从某种意义上来说,商品开发的目的就已经达到了。

西岛木工所亦是如此。从商品开发伊始,我

们就已经做好了心理准备：新商品可能完全打不开销路。因为我们开发的砧板必须使用昂贵的木料，成本高势必导致售价贵，价格上没有优势。因此，我从一开始就没有期待它会成为爆款商品。同时，由于工坊生产条件有限，无法实现批量生产，发售后4年销量超过700件，已经远远超出了我们的预期。

幸运的是，新商品发售后成功打开了销路，但新商品对我们的意义远不止于此。新商品发售后，西岛木工所获得了同知名酒店合作的机会，也受到了各大媒体的关注。之后，西岛木工所的业务量持续增长，不仅收到了来自这家知名酒店的大量业务订单，与其他企业之间的业务往来也日益频繁。

从结果来看，新商品的走俏让西岛木工所成功地从"B2C"又切换回"B2B"的经营模式，主营业务迎来了全面恢复。同时，经历了此次商品开发之后，西岛木工所员工的意识也发生了很大转变，这也是此次商品开发取得的一项重要成果。

总之，企业的最终目标不是制造与销售商品，而是实现长期生存。而为了维系企业生存，就要想尽一切办法进行创新和突破。企业有了生存才会有发展，市场会优胜劣汰，善于经营管理和勇于创新的企业，竞争对手会越来越少，市场集中度会越来越高。

顺便说一下，通过此次商品开发，我们公司也有幸与星野集团建立起合作关系，从此一直保持着良好的业务往来。

反思2　巧用直切技术

如果一家企业面对危机别无选择，那就只能冲出一条生路，充分利用现有技术和设备，勇于挑战新商品开发。只有不断创新，才能找到出路。西岛木工所在濒临破产边缘的危急时刻，能利用的资源只有一台从上一代社长继承下来的使用已超过半个世纪的旧机器。

就连他们自己都对这台机器失去了信心，认为旧机器已经派不上用场，制造不出符合当今时代潮流的商品。但是，既然现实不允许我们还有其他选择，那就只能考虑如何利用这些现有的机器设备探寻新的商品开发途径。机器陈旧，性能落后，能制造出来的商品自然受限，但这些不足完全可以通过创意设计来弥补。只要能做到设计新颖、创意独特，就能让我们的商品满足现代人生活的时尚需求，在琳琅满目的市场中别具一格、独领风骚。

西岛木工所就是这样利用一台已经使用超过半个世纪的旧机器和一台闲置已久的激光刻录机，完成了新商品开发，也找到了公司破局的新出路。

反思3　商品开发的出发点

畅销商品不一定是造型简单、容易制造的商

第1章 探寻破产倒闭危机下的企业生存之"道"

品,也不一定是工艺考究、科技感十足的商品。

起初,为了摆脱困境,西岛木工所虽然在商品的制造过程中运用了门窗隔扇加工技术,但制造之前并没有考虑到该商品的目标客户群体和流通渠道,只是制造了自己能制造且容易制造的商品。这也是很多街道工厂和匠人容易陷入的思维误区。

这样只会徒增库存,即使再怎么努力,也很难取得相应的成果。

商品开发不单要靠技术,更重要的是要理解顾客需求,了解什么样的商品才能满足顾客需求、激发顾客的购买欲,并以此为出发点进行商品定位、设计开发方案。在此基础上,再考虑如何将公司技术恰如其分地运用到开发活动中。

西岛木工所在同我们合力进行商品开发的过程中逐渐改变了原有的经营思维及生产模式,也成功地将企业从濒临破产的危机中拯救了出来。

STORY 4 竹工艺匠人小仓智惠美女士（工坊"京竹笼花心"）

编织传统工艺与匠人未来的"竹制手镯与戒指"

我在一次讲演时认识了"京都匠人工坊"的设计总监山崎伸吾先生。有一天他突然和我联系，邀请我去京都担任一个以培养年轻匠人为目标的研讨班的讲师。

收到这个邀请后，我当时大脑里涌现出的第一个想法就是：让我去给传统工艺匠人讲课，这有点不合适吧？

在此之前，我从来没有接触过传统工艺匠人，甚至可以说连我自己都完全不了解传统工艺方面的相关知识和发展情况，更不要说去讲课了。

一直以来，提起传统工艺，我的第一印象就是在美术展览室或百货商场偶尔能看到的昂贵艺术品,而传统工艺匠人就是制作这些艺术品的艺术家。我对传统工艺就只有这些肤浅的认识,如何能担当起讲师的重任呢?

所以我当时就一直在想:是不是换个人去更合适一些?

❖ 学习的不是技术,而是生存技能

京都匠人工坊是京都府以培养具有国际视野和市场营销能力的匠人、振兴传统产业为目的的,于2012年启动的项目。仅京都市从事传统产业的匠人就有2万人,其数量之多和行业之广在日本首屈一指。可以说,京都是日本传统产业的"核心基地"。

但是,同其他地区一样,近年来京都传统工艺品的需求正在不断下降,匠人的存在也不太为人所知,这一行业基本已接近无人问津的状态。同时,匠人老龄化和后继者不足等问题也日趋严重。如今，从事这一行业的匠人有一半以上都是60岁以上的老人，他们一直苦于无法将自己的知识和技术完全传承给下一代。

"像我们一样身处'悬崖边缘'的其他产业基地，当地政府早已采取了应对措施。而京都却一直安于现状，再不进行改革，传统产业势必会走向衰亡。"

山崎先生在了解到与自己同龄的30多岁的匠人们无法仅靠传统工艺营生的情况后，率先提出了这个项目。

虽说是培养匠人，但京都匠人工坊并不教授传统工艺的技术，而是让匠人们掌握匠人的营生之道与经营思维，以及符合当下生活需求的商品开发技巧与技能。

学习传统工艺技术需要花费漫长的时间。即使能独当一面，完成一件作品也需要相当长的时间。例如，有的竹笼作品需要花费整整3天时间才能完成制作，但售价却仅有 8000 日元。工作时间与收入比例的严重失衡，导致传统工艺行业的匠人根本无法维持生计。

而且，如果工作是来自上游批发商的话，由于批发商极力压低成本，匠人的收入只能拿到商品售价的 1/3，有的行业甚至只有 1/10。可见，工艺品制作利润极低，匠人们的生活可以说是苦不堪言。传统工艺被视为文化产业，日本国家和各地政府会提供相应的补助金。可以说，正是依靠这些微薄的政府补贴，匠人们才能勉强度日。

值得注意的是，传统工艺的匠人们一直以来都专注于如何运用自己的技术创造出优秀的作品，从来没有以"营销"的思维开发过商品。传统工艺的师傅们以及工艺专门学校同样是以传授技术为主，不会告诉学生们进入社会后该如何营生，如何让自己的技术成为赚钱的看家本领。在他们的思维里，只要运用自己高超的技术制造出优秀的商品，自然就会有人购买。山崎先生指出，正是传统工艺匠人的这种思维误区导致当下传统工艺行业脱离了时代发展潮流，陷入了需求减少的困境。

同时，山崎先生认为，传统工艺行业迫切需要转变观念，从生产导向走向市场需求导向。而为了实现这一目标，处于不同领域，或者说与传统工艺行业毫无交集的第三方的视角和思维，更能全面客观地看待问题、妥善解决问题。于是在2013年，也就是京都匠人工坊成立的第二年，我正式受聘为该工坊的讲师。

由于是第一次接触这个行业，起初我一直担心能否胜任，但听到山崎先生的介绍后，我才知道该行业并非我想象得那般高大上，反而与我接触过的街道工厂的境况极为相似。我渐渐地放下了思想包袱，开始专心思考如何发挥同街道工厂合作时的经验，为这个行业的振兴做出贡献。

第1章 探寻破产倒闭危机下的企业生存之"道"

❖ 以匠人为对象的街道工厂改革模式

我的研讨班共有15人参加。他们的年龄从20多岁到40多岁不等，既有从事传统工艺行业的匠人，也有正在学习设计的学生，还有在街道工厂工作的工人。京都匠人工坊是一个广开门路聚"才"的组织，只要是在京都从事加工制造类职业，或者是在京都居住的居民，每月缴纳1万日元会费即可加入。

刚开始，我计划先从了解每个人所从事的工作内容着手，同时对参加者带来的试制品提出一些建议。但是，虽然大家都来自工艺领域，但每个人的职业类型各不相同，而且由于我自身也不懂传统工艺，所以起初彼此之间交流得并不顺畅，大家说的话我也不能马上理解。

经过一段时间的磨合后，我逐渐对大家有了一定的了解，同时也找到了一点头绪。这时的我不再关注大家带来的试制品,而是更加留意每个人都从事什么样的工作、业务规模有多大、目前都遇到哪些难题。他们的技术、经验、业务规模各不相同,面对这样一群学员,这个研讨班该何去何从?我陷入了沉思。

在同街道工厂合作时,我总是先让他们作一个自我分析,明确自己的工厂能做什么、擅长做什么。而这次的研讨班有多人参加,为了将大家的自我分析内容整理成一份共享资料,我决定首先让每个人都制作一份自我分析表(关于自我分析,我会在第 3 章详细介绍)。

我猜测这些匠人是第一次作"自我认知"的分析。听到我的指示后,他们想都没想就要动笔书写。于是,我告诉他们在动笔之前,首先要静下心来思考,在脑海中整理好思路,梳理出要填写的内容框架。此外,为了便于研讨班学员之间互相分享填写的内容,我要求他们填写相同格式的表格。

这项任务对于长年从事工艺制作的匠人来说似乎并不容易,看了他们提交的资料后,我马上就意识到了问题:大多数人的回答栏几乎都是空着的,或者只有寥寥几行字。但是,其中有一个人制作的资料非常详细,这个人就是竹工艺匠人小仓智惠美女士(当时 31 岁)。

她给我的第一印象是非常文静、稳重。但是,从她交给我的资料中,我能感受到她隐藏在内心深处的强烈热情,她迫切想要改变自己,想让自己成为一名更优秀的匠人。

小仓女士出生于神奈川县,在一个自然环境非常优美的城市长大,因此从小就对植物和环境保护产生了浓厚的兴趣,尤其是对一种生长迅速的野生竹子情有独钟。据说这种竹子除北海道外,几乎遍布日本全境,自古以来就与日本人的生活密不可分。

渐渐地，小仓女士逐渐开始向往传统工艺品和传统文化，从当地高中毕业后，她考入了日本唯一一所教授传统工艺的学校——京都工艺专门学校（现在更名为"京都传统工艺大学"）。

她所学习的是一种在竹工艺中被称为"竹编"的传统工艺，这种工艺首先要将竹子劈成竹丝，然后编织成各种用具或工艺品。在这个分工作业较多的传统工艺领域，小仓女士从一开始就尝试一人独立完成从头至尾的所有工序，立志将来要制作竹篮等竹工艺品。

在那所学校学习了两年后，小仓女士毕业了。可这时摆在她面前的，是整个传统工艺行业已处在"风雨飘摇"状态的残酷现实。

小仓女士毕业的那一年，所有工坊都没有在招聘。当时制作竹笼的工坊基本都是只有一两个员工的小作坊，根本没有雇用新员工的经营实力。要想就业，最多就是去学校里给老师当个助手，

第1章 探寻破产倒闭危机下的企业生存之"道"

但就连这个助手职位很多学校都已招录满员了。无奈之下,小仓女士不得不自立门户,走上独立创业的道路。

小仓女士与同期的8个匠人合作开了间工坊,但起初并没有什么业务,技术也远远不够成熟。于是,小仓女士开始一边创作作品、磨炼技艺,一边靠在餐饮店打工维持生计。

(摄影:星野裕也)

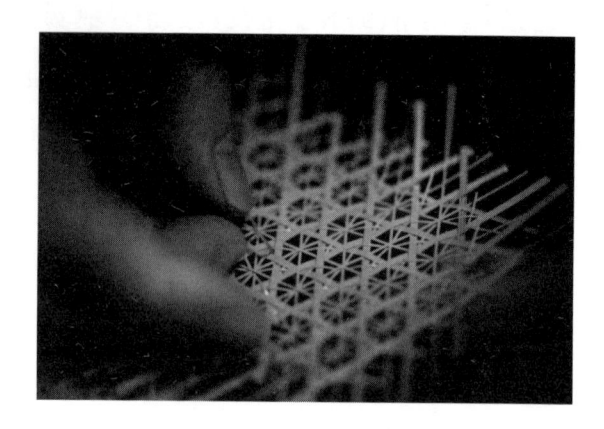

(摄影：星野裕也)

将竹子劈成竹丝，然后编织成竹笼的竹工艺（摄影：林口哲也）

第1章 探寻破产倒闭危机下的企业生存之"道"

后来渐渐地,小仓女士可以从一些老字号批发商那里拿到订单,她的技术也得到了认可,有时还会被委托制作一些结构复杂、价格昂贵的作品。但是,如前所述,他们的劳务费只有商品售价的1/3,所以生活并没有轻松多少。

"我曾一度认为传统工艺的世界就是这样残酷。"小仓女士回忆往事时这样说道。

2011年,小仓女士创立了属于自己的工坊"京竹笼花心",并有幸受到百货商场和美术展览室的会展邀请,获得了展销的机会。为了展现出多年的技术积累,小仓女士干劲十足,展出了多种价格超过1万日元的高价商品。但遗憾的是,这些产品根本无人问津。

小仓女士陷入了深深的疑惑:"同样的商品通过批发商销售就有很好的销路,为什么到了我自己手里就完全卖不出去呢?"

当然,小仓女士心里也很清楚,与老字号批

发商相比，自己的工坊既没有固定的客户，也没有多高的企业声誉。但她还是无法接受自己精心制作的作品没有销路这个现实，并因此心急如焚。怎样才能打开销路呢？在苦苦思索未果之际，小仓女士敲响了京都匠人工坊的大门。

❖ **认知自我，了解传统工艺之外的世界**

在研讨班上，我给每个人发了一张标题为"自我认知的 5 个阶段"的调查表。

除了要求大家回答"本公司有什么技术""本行业目前的发展状况如何"等问题外，还要求他们写出自己公司的销售额（自销与批发的比例）、目前公司的业务量和利润率、客户及销路情况、比较关注的企业等。这些问题和我访问街道工厂时完全一样。对此，小仓女士作出了一份非常详细的自我分析。

用小仓女士自己的话来讲，"这是我第一次这

第1章 探寻破产倒闭危机下的企业生存之"道"

样仔细地分析自己。能把自己之前模模糊糊的想法用语言表达出来,这对我来说是一个非常宝贵的体验"。可见,小仓女士十分重视这次重新审视自己的机会。

接下来,我安排的任务是做市场调查,目的是让大家能更好地了解市场动向,比如目前市场上都流行什么样的商品、哪些商品畅销、什么样的消费者会来购买等。在与街道工厂合作的时候,我也让他们做了同样的调查。当然,是否进行调查全凭个人意愿,并非强制,对有意参与调查的人我会给他们介绍一些考察候选地。

于是,小仓女士满怀热情地参观考察了在东京举办的商品展览会和东京都内的人气精品店,并将在那里的所见所感整理成了详细的报告。从报告的字里行间我能深切地感受到,小仓女士通过这次考察内心受到了极大震撼。之前她把所有精力都放在了传统工艺领域,如今接触到传统工艺以外的世界，开阔了眼界，得到了很多启发。

就这样，在完成自我分析和市场调查后，我们正式进入了商品开发阶段。

在小仓女士的工坊，全部工序都由她一人独立完成。因此在决定新商品的开发方向时，小仓女士对新商品提出了两点要求：一是不能像之前制作竹篮一样耗时，要尽可能减少工作量；二是通过新商品能拓展新的销售渠道。经过深思熟虑后，我建议小仓女士进军具有广阔市场前景的饰品行业，并从挑战手镯和戒指做起。当然，利用竹工艺制作饰品对她来说还是第一次尝试。

❖ **打造创意饰品，将传统工艺融入现代生活**

起初，小仓女士试制了多款极简风格的作品，她认为"在大街上看到的商品大多都款式简约，这种风格应该更符合现代人的生活品位"。我想她已经意识到，传统工艺往往过于追求技术而无视消费者需求，因此要在满足消费者需求上有所突破。

但是，如果一味地迎合大众主流趋势，就会造成商品同质化问题。或许她还没有意识到，如今我们正处于一个物质过剩的时代，而消费者需求也变得更加多样化且个性化。因此，创造自己的个性特色，实现商品差异化变得尤为重要。

小仓女士拥有精密细腻的竹编技术，几乎无人可及。我建议她应该好好地利用这项技术，打造具备更加复杂风格的作品。

但是，究竟应该把竹编技术发挥到什么程度呢？为了找到答案，小仓女士不断进行各种尝试。在每月举办的研讨班上的交流时间远远不够，因此她会在我因其他工作去京都出差的时候直接和我联系，只要一知道我有时间就会带来各种试制品给我看。小仓女士原本性格比较低调内向，但自从决定开发新商品后，她变得越来越积极乐观。

就这样,在经过多次反复试制后,她终于制作出了比较满意的作品。尤其是菊花、牡丹、松叶、月桂树等传统编织纹饰的手镯,做工精致华丽又不失古朴典雅,堪称绝品。

但是唯一不足之处就是色彩过于单一。小仓女士主张商品要保持竹子的原有颜色,但是新商品的目标客户群体与以往的工艺品购买者不同,他们是一个偏爱个性消费的群体,色彩越丰富,越能给他们带来选择的乐趣,提升他们的购物体验。而且,多彩的颜色也有助于丰富商品系列,可以有效弥补款式单一的缺陷。因此,我向小仓女士提议给商品染色,增加颜色类别。

传统竹工艺使用的染料颜色种类较少,而且被专家指出具有致癌性,因此新商品染色时使用了颜色种类多、色牢度高的环保染料。最终,5款不同颜色版本的手镯,以及6款不同颜色版本的戒指——新商品"Kyoto Basketry Acces sory Series

（京都编织饰品系列）"就这样问世了。

这些饰品也为小仓女士开启了一个新的人生舞台。

2014年，在巴黎召开的"日本博览会"上，小仓女士与京都匠人工坊的伙伴们一同参展，她的作品受到了海外人士的高度认可，被誉为"精致细腻的日本工艺的代表"，甚至还有国外的设计师邀请她一起合作。在日本国内的展示会上，传统与现代完美融合的崭新设计也获得了现场参观者的广泛关注。

不久，她的成就引来了媒体的纷纷报道，各类女性杂志和设计杂志都争相对她进行采访。从此，"竹工艺匠人小仓智惠美"的名字被越来越多的人所熟知，日本全国各地有多家百货商场邀请她去现场演示销售。

此外，小仓女士还尝试把以往制作的竹篮与手镯和戒指等饰品一同陈列在柜台上。意外的是，

竹制手镯和戒指"Kyoto Basketry Acces sory Series"

这些以往根本无人问津的高价商品,如今竟然也顺利地打开了销路。可见,竹饰品的诞生让高大上的传统工艺走进了当代人的生活,也拉近了与消费者之间的距离。同时,这一切也要归功于各大媒体的积极宣传报道,其有效扩大了手工作者的"知名度"。

顺便提一下,在这种百货商场举办的酬宾活动中,小仓女士的报酬是商品售价的六成到七成,收入方面已得到了大幅改善。如今即便不承接批发商分包下来的业务,她在生活上也不会有任何压力。

"通过开发饰品,能够让更多的人有机会接触到传统工艺,对此我感到非常欣慰。今后我会再接再厉,力图在不久的将来陆续推出发饰等各种新的作品。"

等我回过神来,才意识到原本文雅安静的小仓女士在对我说这段话的时候是如此地铿锵有力、激情饱满。我亲眼见证了自信让人改变、让人成长的精彩瞬间。

高价竹篮也逐渐打开了销路（摄影：林口哲也）

第1章 探寻破产倒闭危机下的企业生存之"道"

小仓女士逆袭成功的理由

竹工艺匠人小仓女士之所以能成长为一名出色的匠人,我认为有两点值得反思。

反思1 **扩大与传统工艺以外的行业人员交流**

我被聘为京都匠人工坊的讲师后,才知道传统工艺的匠人都处在一个"与世隔绝"的世界,这让我非常惊讶。小仓女士回忆说,她高中毕业后就置身于竹工艺行业,直到30多岁一直沉浸在传统工艺的世界里,专注于打磨自己的技艺。

当然,如果只是学习知识与技术,完全没有必要接触其他行业人员。但是,这就如同井底之蛙,眼里看不到水井以外的世界。在这种状态下,竹工艺以外的信息自然会被阻断。同时,竹工艺的精妙之处也无法让外界知晓。

我认为,"传承工艺"与"传统工艺"有着本质的区别。前者只是侧重于继承和传递迄今为止的固有技术、知识,而后者偏向于不断创新、不断挑战新技术和新知识。然而,如今的传统工艺行业似乎仍然停留在前者的状态,这也可以说是传统工艺行业亟待解决的课题。

因此,传统工艺行业需要转变思路,与时俱进,不能再固守传统思维。这就好比一口水井,虽然井水清澈见底、风平浪静,但在看似稳定的同时,也意味着这就是一潭没有涟漪的死水,不会发生任何变化,更不用期待有什么蜕变。唯有从外界引入新的水源,使两者交流碰撞,进而交汇融合。只有这样才能期待新的变化,甚至是蜕变。从这个意义上讲,我希望传统工艺的匠人们能扩大与其他行业人员的交流,彼此之间相互学习、相互借鉴。

此外,作为匠人不仅要牢牢掌握技术,更要

懂得如何有效利用技术来维持生计，以及了解为了维持生计需要承接多少业务、以多少价格承接、如何提高技术价值等生存必备信息。遗憾的是，如今工艺匠人所处的各种环境中很少有机会能接触到这些信息，甚至在工艺学校里也没有教授这些知识的课程体系。如果一个匠人在"不谙世事"的情况下走向社会，仅靠技术独立打拼，那么可想而知，他今后所要面临的生存环境不容乐观。

小仓女士初次接触像我这样一个传统工艺的门外汉时也曾感到彷徨、不安，甚至是不知所措。但也正是与我这样一个外行人员展开交流合作后，她才逐渐掌握了如何有效地利用技术、维持生计的最佳方式，以及商品开发的必备知识，获得了各种新的发现和启示，最终成长为一名优秀的匠人。

反思2　商品开发要从调研做起

街道工厂在商品开发时很容易陷入"技术主

导一切"的思维误区。接触到传统工艺行业后，我才知道传统工艺行业也存在同样的思想误区，而且有过之而无不及。匠人们在商品开发过程中会竭尽所能，想尽一切办法运用自己所掌握的技术。这本来是件好事，但凡事过犹不及。如果过度强调技术，陷入技术崇拜之中，结果往往是事倍功半。

很多匠人都希望将商品销售给富人，也许是出于这个原因，他们在商品制造过程中精雕细琢、精益求精，可以说将自己的技艺发挥到了极致。但这样制造出来的商品往往价格高得惊人，很难扩大销量。更有甚者，有的匠人精心打磨出来的传统工艺品售价竟然高达数百万日元，销量屈指可数，更不用说用来维持生计了。

因此，我们首先要分清商品与作品的区别。如果要完成一个作品开发，我们可以不遗余力地发挥自身的技术和资源优势，释放灵感，尽情创

第1章 探寻破产倒闭危机下的企业生存之"道"

作；相反，如果要完成一个商品开发，我们就必须首先明确商品的销售对象，即"目标客户"。然后，再以满足目标客户的需求为前提，具体考虑采用什么样的技术手段、怎样制定价格，以及如何向客户传达商品价值等。

过分强调技术，最终商品由各种自己擅长的技术"堆砌"而成，那么可以说我们只是完成了一件自己想要创作的"作品"，而不是满足客户需求的"商品"。

如果我们想让客户购买我们的商品，想让他们在实际生活中使用我们的商品，那么首先我们就必须全方位地去充分了解客户，弄清楚客户的需求，否则我们很难开发出引起客户购买欲的商品。

此外，我们也要认清自己的现状，弄清自己处于"稳定""挑战""传承（雇用）"的哪一个阶段。这关系到我们今后工作的努力方向：是为了

"维持稳定的生活",为了"迎接挑战",还是为了"将技术传承给下一代(扩大雇用)"。这样我们就可以分清主次和轻重缓急,合理安排工作的优先顺序。

经过自我分析,小仓女士认为自己目前尚处于"稳定"阶段,而工作的努力方向是为了"维持稳定的生活"。为了实现这一目标,首先就需要打造一款能维持稳定市场销量的商品。在我的建议下,小仓女士尝试了自成为匠人后的首次市场调查。只有走出车间工厂,深入到市场第一线,亲身体验客户需求,才能把握市场动向,发现新的创新灵感。

比如说,在展会上都展出了什么最新商品;人气精品店的柜台陈列最多的商品是什么,同时又陈列了哪些与自己具有相同技术的匠人制造的商品;这些商品有哪些特色、价格多少,来购买的顾客都是什么穿衣打扮……

第1章　探寻破产倒闭危机下的企业生存之"道"

这些都需要我们到现场亲眼观察，只有把握了这些市场新动向，我们才会懂得如何合理、有效地运用自己的技术开发出满足客户需求的商品。就这样，经过市场调查与研究分析，并结合自身技术，新商品开发目标锁定在了竹制手镯与戒指上。

在一次交谈中，小仓女士笑着对我说道："现在我已经养成习惯，无论制造任何商品都先从调查分析做起。"

但是，在进行市场调查时有一点需要注意，那就是在了解当前市场动向及当下流行商品后，并不意味着自己公司就一定要制造同样的或相似的商品。

小仓女生在新产品开发前期，为了迎合当下流行简约款式商品的市场趋势，曾一度大幅度缩减技术的使用。在经过多次试制后，她逐渐意识到这种想法是错误的，开始转变思维，反复尝试如何利用竹工艺技术创造出符合当今时代个性化需求的商品。最终,她成功开发出了创意性十足的新商品。

总之,在迎合整体流行趋势的同时,如何突出自身优势,这一点是值得我们思考的。

/ 第2章 /

企业和家业长盛不衰的"秘诀"

第 2 章 企业和家业长盛不衰的"秘诀"

转危为安的12个秘诀

我在第 1 章列举了 4 个成功案例,介绍了每家企业或匠人是如何渡过破产或倒闭危机、最终找到各自的生存之道的,并针对具体案例分别进行了"反思"。虽然其各自的业务内容、经营规模、所处环境,以及危机时刻的所思所想、行动举措各不相同,但我认为在根本思维方式上,每个案例都是相通的。

为了摆脱危机,任何行业所应采取的举措都具有共同点。换言之,在某种意义上,我认为在危机时刻,无论是公司还是个人所必须采取的行动都具有共通之处。

在第 2 章，我将总结一下在同街道工厂和匠人们一起合作的过程中，我所感悟到的"关键点"，以及在困境中求生存、谋发展的"秘诀"。

秘诀 ① 创新商业模式，进军高景气成长行业

主营业务的销售额停滞不前，甚至有下降趋势；或者，外包业务订单的绝对数量在逐年递减……如果公司一直处于这样的状态，那说明我们所从事的行业目前正面临着严峻的危机。

当然，在这个长年从事的专业领域里，我们积累了丰富的知识和经验，也掌握了娴熟精湛的技术，同时树立了不输于任何人的自信心与自尊心。在这个行业里，我们还有很多熟知的公司与客户，多年来积累了丰富的人脉资源。

但是，时代的潮流与社会的变迁，以及市场的趋势，这一切有时并不如我们所愿。这就如同逆风航行的船只，无论我们多么努力，船都无法顺利前进，有时甚至还有遭遇翻船或触礁的风险。

同样，在行业危机面前，如果我们仍然固守于主营业务，将很难找到突破危机的出路。此时，适时拓展主营业务以外的新业务，尝试转变公司的"商业模式"不失为一计良策。

这就要求我们能逐步突破固有的观点、思维方式，以及经营理念。同时要放开眼界，拓展自己的眼界，着眼大局思考问题，全方位、多维度地展望未来市场的发展趋势。

第1章中介绍的福井县鲭江市的眼镜制造材料商社KISSO在面临国内眼镜行业收益持续走低的危机时改变经营方针，重新进行自我定位，实现了由"眼镜制造材料的经销公司"到"眼镜制造材料——醋酸纤维素的加工企业"的跨越式转型。

而且，该公司成功打入远比眼镜行业具有市场前景的饰品行业和杂货行业，最终摆脱了危机。

如果该公司在危机时刻依然固守眼镜行业，那么很难想象该公司还能在困境中挣扎多久。但庆幸的是，该公司能够审时度势，利用自己当时所拥有的资源与技术努力探寻眼镜行业以外的其他出路，并最终通过跨行业发展（涉足新领域）成功摆脱了困境。

再比如，有一种叫化学鞋（塑料鞋）的鞋子，最初产自神户。神户曾是地下足袋（分趾鞋）等胶底鞋的著名产地，但是到了大正时代，由于橡胶资源匮乏，导致胶底鞋产业面临的原料短缺问题较为严重。为了解决这一问题，神户的各大制鞋厂商纷纷改用聚氯乙烯等合成树脂作为生产原料，于是在制鞋行业就形成了化学鞋这一新的领域。

近年来，随着高科技材料和前端技术的不断

应用,与早期相比,化学鞋的生产工艺日臻成熟并获得了长足发展。但是在日语中,化学鞋也被称作"合成皮革鞋",这就导致最终用户容易产生误解。很多人会认为在当今这个物质日益丰富的时代,用人造革而不是真皮来制作鞋子,无异于是在制造假鞋。

但是,如果我们换个角度来思考的话,合成皮革鞋就是"没有使用动物毛皮的鞋子",说得极端一点,这也意味着我们没有成为杀害动物的帮凶。

如此想来,我们不妨尝试改变一下商业模式。

我们可以将商品以故事的形式传达给客户,让客户了解我们的鞋子不使用动物毛皮,而且我们还会将销售额的一部分捐赠给动物保护团体。如此一来,我们的商品自然会吸引那些关爱动物的客户的到来,同时现场工作人员对于工作的价值观也会发生转变。

❖ **摆脱传统束缚,开拓崭新领域**

同样,在陶瓷行业,如果我们把这个行业看作是窑业的一个分支,重新定位为能用窑炉将黏土和石英砂等原料高温加热、烧造成器的产业,那么这个行业的商业模式也会发生新的变化。相反,如果一直将公司定位停留在"陶瓷器"制造商层面,那么我们的思维也只能集中在如何制作餐具、销售餐具上。

"作为窑业的一员,我们掌握着'将黏土烧制成型的技术',我们完全有能力挑战餐具以外的其他产品。"只有这样,放开眼界,打开格局,我们才有可能开拓新的销售渠道,获得新的商品企划的灵感。

我曾经和岐阜县土岐市的一家美浓烧窑瓷厂合作开发过园艺花盆。

虽然日本国内的餐具市场规模在逐年缩小,

第2章 企业和家业长盛不衰的"秘诀"

但室内装饰和园艺等市场却充满活力,呈现出蓬勃发展的态势。根据我们对家居中心和室内装饰店的市场调查结果,园艺花盆的主流商品是素烧成型的粗陶瓷制品。

而且,现在还有很多消费者购买盆栽植物用来装饰房间。针对这一消费需求,该窑瓷厂利用精湛的餐具加工工艺,打造出一款精致的园艺花盆。这款花盆表面施釉均匀,亮度高富有光泽,且盆底采用了陶瓷的抛光工艺,经过研磨后进一步提高了表面光洁度,可以有效减少花盆与花架或桌子之间的磨损。就这样,该窑瓷厂充分发挥出在餐具制造方面的优势与经验,实现了新商品同园艺市场传统商品之间的差异化。

此外,通过创新商业模式、进军全新市场,还有利于企业摆脱传统行业体制对公司创新发展的束缚。

如果我们处于分包商的角色,或者处在产业

与美浓烧窑瓷厂合作开发的园艺花盆"匣庭"

链中的某一环节,那么在这个体系中与上游厂商生产同样的最终成品就会被视为禁忌,即使破例生产,也会与上游厂商之间产生矛盾纠纷。特别是在产业基地,如果打破固有的商业体系或传统格局,就会被视为破坏行规。

从这个意义上讲,跨行业发展可以减少这方面的顾虑,在没有传统体制的制约下相对自由地开展商业活动。

总之,企业应根据其所处的环境和面临的课

题及时转变自身的商业模式,这不仅有利于公司业务的顺利开展,更有利于企业摆脱低迷期,重新找到未来的发展方向。

秘诀 ② 塑造企业核心竞争力

街道工厂不乏技艺精湛的匠人,也拥有比较完善的工具和机器设备。但是,由于绝大多数的街道工厂处于分包商的角色,或者处在产业链中的某一环节,长期从事单一业务形成的思维固化、知识面窄,导致它们自己也搞不清楚还有多大的成长空间,有什么与众不同的竞争优势。

这些公司一旦面临破产或倒闭的危机,所能依靠的只能是自己,通过自力更生、发挥自身优势,才有可能转危为安。从这个意义上来说,我认为街道工厂有必要充分挖掘自身的潜在优势，重新塑造企业核心竞争力。

日本从事外包业务的匠人，在业务能力方面无可挑剔，承接的任何业务都能出色地完成。如果能培养出让外界认同的核心竞争力（特色竞争优势），必将如虎添翼。

第1章中提到的居住在爱知县濑户市的陶瓷原型匠人吉桥贤一先生，其拥有的高超精湛的手工雕刻技术令其他匠人望尘莫及。然而如此精湛的技术却一直未能得到有效利用，更没有得到广泛推广，导致这项技术的魅力在行业内外都无人知晓。

后来，在开发出凹凸有致的手织毛衣纹路器皿后，吉桥先生荣获了"技艺精湛的手工雕刻匠人"的美誉。通过将自己的技术转化为具体商品，他成功塑造了自身的核心竞争力，从而引发了行业内外各界人士的高度关注，也极大地提升了公司的知名度。

第 2 章 企业和家业长盛不衰的"秘诀"

❖ 从板簧制造工艺中挖掘创新因素

东京都墨田区政府主导的以培养区内经营者为目的的"墨田地区品牌战略"项目邀请我合作时，我认识了笠原 Spring 制作所的第四代社长。这家公司是一家在墨田区有着 80 多年经营史的金属冲压件厂家。

该公司从板簧制造起家，后来业务内容逐渐扩展到金属冲压加工、焊接加工、平面磨削加工等，机器设备和工艺技术也不断得到完善。该公司在金属加工方面的技术实力获得众多客户青睐，多年来一直从事一些大型汽车公司分包下来的零件加工业务。

但是，在接连遭到泡沫经济和"雷曼危机"的重创后，其主营的外包加工业务业绩基本为零。虽然上游厂家有时也会委托该公司制作新商品的试制品，但一旦进入量产阶段，就会改换海外工厂生产。可以说，该公司的经营环境已经十分严峻。为了摆脱困境，该公司也曾试图开发自己的商品，但却不知该如何着手，也不知道在这个零件加工厂房里除了能加工零件外，还能生产什么。

在了解该公司的情况后，我对该公司的工厂技术、机器设备和生产材料等经营资源进行了梳理，发现该公司特别擅长复杂精细金属零件的冲压加工，而且还能加工被公认为具有一定难度的细长金属零件。

当时，我们公司的餐饮部门经常会承办酒席宴会和家庭聚会方面的业务，每次结束时都要扔掉大量使用过的竹签，所以我经常会想："如果不用扔掉，能重复使用该多好。"

想起这件事后，我眼前一亮，脑海中浮现出一个想法：如果将签子的材质改成不锈钢，不就可以重复使用了吗？于是，我们着手开发出了这款名为"TREE PICKS"的商品。这是一款可以反复清洗、作为餐具使用的不锈钢材质的食物签，如果在签子的"枝头"部分插满色彩缤纷的食材，远远看上去就像一棵挂满果实的果树。

插满食材后酷似果树的"TREE PICKS"

该商品投入使用后，在各种家庭聚会、酒席宴会上都赢得了好评。同时，为了获取食品造型师的关注以及媒体的宣传报道，我们还努力通过各种途径扩散我们的商品信息。

就这样，随着商品走俏，这家街道工厂获得了"技术一流的金属冲压件加工工厂"的口碑，成功塑造了自己的核心竞争力，也找到了获取收入的新途径。

说到塑造核心竞争力，其实并没有想象中的那么困难，最关键的就是要做到充分认知自我。通过自我分析，多维度挖掘出自己的特长与优势，再努力将这些特长与优势打造成核心竞争力。

秘诀 ③ 自产自销，独立发展

塑造企业核心竞争力最快捷、最有效的途径是什么呢？

那就是企业自己销售（批发）自己公司制造的商品给客户，也就是所谓的"自产自销"。具体来说，企业要利用自己公司的技术优势（自身技术）自主研发商品（自销商品），并通过合适的销

第 2 章　企业和家业长盛不衰的"秘诀"

售渠道将商品销售给客户（目标市场）。这样一来，就会有越来越多的人有机会接触到公司商品并了解商品中所蕴含的先进技术。也就是说，通过商品，企业还能间接地宣传自己公司的技术优势和潜在实力。

公司的技术优势一旦被客户认知（感知），就会吸引更多的客户关注公司商品或公司本身，公司的主营业务也就有了重新崛起的可能。总之，商品可以传递公司的技术信息，成为公司冲出危机的突破口。

当然，自产自销还具有很多其他的意义。例如，通过自产自销，可以开拓出承揽业务和外包类业务以外的其他收入途径。

外包业务受客户业绩因素的影响较大，而且越是大规模业务，对方越有可能为了确保利润而改变生产基地。因此，作为分包商，随时都有可能被承包商抛弃，公司收入也极其不稳定。而且，还

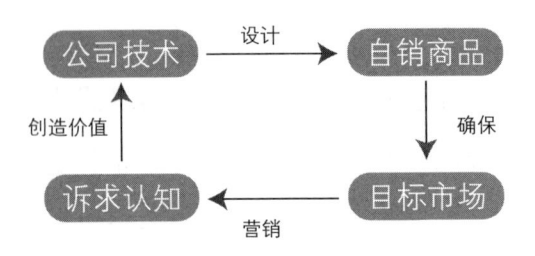

```
公司技术 ──设计──▶ 自销商品
  ▲                    │
创造价值              确保
  │                    ▼
诉求认知 ◀──营销── 目标市场
```

通过自销商品传递公司技术

会与低成本的海外制造商产生价格竞争，随时面临着被挤出局的风险。

相反，如果是自产自销的商品，公司可以有效控制投放成本，提高投入产出比，获得相对稳定的收入。

此外，自产自销还有助于中小型企业了解并学会构建自己的流通渠道。街道工厂和匠人最大的缺点就是虽然能制造商品，却不懂得如何销售商品。无论商品有多么优秀，如果不能通过一个合适的流通渠道将商品传递到客户手中，就毫无意义。自产自销可以说是掌握销售技巧、获得销

第2章 企业和家业长盛不衰的"秘诀"

售经验的最佳途径。

在制造自销商品的过程中，经过日积月累的沉淀，我们能逐渐掌握、培养乃至提升自己的商品开发技能，最终在商品开发方面实现创新突破。从这个意义上来说，自产自销可以成为我们走"独立发展"道路的契机，不必再一味依靠外包业务来维系公司生存。

一家店铺的销售额可能微不足道，但只要商品质量过硬，我们完全可以积少成多，逐渐扩大销路。试想，同样是获得1000万日元的收入，一个是通过完成一项外包加工订单（代工生产），一个是将自销商品销往100家店铺。虽然是同样的金额，但内容和意义却大不相同。

| OEM（代工生产）
完成一项OEM订单获得1000万日元 | ≠ | 自产自销·传递信息
销往100家店铺获得1000万日元 |

同样的金额，内容和意义却大不相同

❖ **不必纠结自销商品的销路**

自产自销的目的并不是一定要把商品打造成热销商品，想要成为热销商品也绝非易事。通过自产自销，如果能让外界了解到公司拥有怎样的技术优势，通过这些技术优势能打造出什么样的商品，那么可以说我们的目的已经基本实现，也无须纠结商品是否能打开销路。

当然，无论是谁，都希望能通过自己的商品或企划提升销售业绩、扩大销售额，进而实现公司资产增长。这就需要我们拓宽销售渠道。假设目前的自销商品销售商达到100家，那么可喜可贺，说明我们的商品质量过硬，对客户具有足够的吸引力。相反，如果目前只有一家销售商，商品也只卖出一件，但我们的商品已被媒体报道过100次，那么可以说，公司资产同样获得了巨大的增值空间。这是因为，商品被媒体介绍了100次，也就意味着公司获得了 100 次向外界推广和宣传公司技术的机会。这对于公司来说是一笔无形的资产,能够给公司带来巨大的商机。

总之,我们的最终目的并不是要制造畅销商品,而是让我们的公司、我们的家业远离破产危机,永远延续下去。但是请不要误解,这并不意味着销售不重要。制造和销售商品的过程中会伴随着存货、销售等各方面的风险,因此我们要根据自己公司的实际情况来综合考虑。

此外,通过自产自销,还能为公司带来其他无形资产,那就是空前高涨的员工士气。

从事外包业务的街道工厂和匠人工坊很少有机会接触到固定客户以外的人,公司平日里可谓门可罗雀,很少有外来人员出入。但是,自从开始自产自销后,各种商铺和媒体纷纷致电咨询,公司变得门庭若市,前来工厂或工坊参观、采访的人络绎不绝。这对于在工厂和工坊工作的员工来说，无疑是最有力的鼓舞与激励。

一直以来，我们生产的螺丝等产品可能是某某机器的重要组成零件，但我们并没有参与过机器本身的加工制造，这导致我们很难对最终生产出来的机器或自己公司生产的零件产品产生自豪感。如果我们看到陈列在商铺里的是我们亲手开发出来的完整商品，或许会产生别样的心情。"那是我们公司一手策划开发的商品""那个商品由我亲手涂的漆"……我们会为此心情激动，感到骄傲、自豪。

进一步讲，商品一旦热销就会引发公众热议，引来众多媒体追踪报道。那么可想而知，员工士气必将空前高涨，工作充满激情。

第1章中介绍的福井县鲭江市的KISSO公司，原本只是一家为其他公司提供制造材料的商社，自从开发自销商品创意性掏耳勺后，该公司顺利实现商业转型，员工的精神面貌也发生了翻天覆地的变化。随着商品的问世、口碑的形成，参与商品开发的 KISSO 公司负责人，工作热情越来越高，不知不觉间对工作的认知和格局也逐渐产生了转变。

最终，该负责人突破公司设计总监的身份壁垒，化身为振兴鲭江、乃至整个福井县的产业基地创意总监，也接受了福井县和鲭江市政府的业务委托，为区域经济发展建言献策、添砖加瓦。我亲眼见证了这位负责人的成长与蜕变。

可见，通过自产自销，不仅可以构建新的公司发展格局，也能助力员工成长，推进员工思想观念的转变。

秘诀 ④ 避免盲目生产

接下来，我们来谈谈在制造商品的时候应该

注意哪些问题。只要生产出好产品，就会有人买，这样等待顾客光顾的时代已经一去不复返了。

"手工制作""由经验丰富的匠人精心打造而成""日本制造""由著名设计师设计"……如今市场上有很多这样的商品，可以说是数不胜数。这些卖点已经无法与其他同类商品形成差异化，更不能打动顾客，这些于顾客而言早已是"理所当然"。

正因如此，在商品开发时，我们应避免"右脑"冲动，以防在没有经过深思熟虑和缜密规划的情况下盲目投入生产。否则只会导致库存积压，不仅无法帮助公司渡过当前的危机，更会让原本就艰难的处境雪上加霜。

上市不久就销声匿迹的商品中，我认为前3位依次是："创意不足的商品""缺乏流通规划的商品"和"没有考虑生产效率的商品"。

首先，所谓"创意不足的商品"，是指那些不能有效传递商品价值,也无法让消费者感受到商品魅力的商品。这种商品给人的感觉就是在模仿当下的流行商品,跟风抄袭、走捷径,没有特色与新意,对于消费者而言缺乏吸引力,最终只能被市场淘汰。

其次,"缺乏流通规划的商品"是指那些没有认真规划商品的流通渠道,也没有确定商品的目标客户群体就盲目开发出来的商品。

最后,"没有考虑生产效率的商品"是指那些生产效率低下的商品。虽然有些商品造型优美、韵味独特,但这样的商品往往结构复杂,导致加工困难,废品率高,会给公司带来巨大的损失。这样的商品能够打开销路,但由于难以批量生产,短期内无法实现盈利。虽然不能说商品就应该制作简单,但是在现有设备条件有限的情况下,制造难度过高的商品,最终只会增加现场的工作负荷,难以长久持续下去。

销声匿迹的商品前3位
1. 创意不足的商品
2. 缺乏流通规划的商品
3. 没有考虑生产效率的商品

"盲目生产"的结果，最终难逃销声匿迹的命运

❖ "以富人为销售对象"的盲目生产

我经常会遇到这样的客户，他们制造出来的商品无处可销，希望我能出谋划策。

有一次，一位漆器匠人带着他亲手制作的漆器向我提出了这样的请求，希望我想办法帮他找到漆器的销路。我看过他的商品，第一印象就是没什么特色，就是一些随处可见的普通漆器。以下是我们当时的谈话内容。

我："××先生，您想在哪里销售这些商品呢？"

匠人："我想卖给富人。"

第2章 企业和家业长盛不衰的"秘诀"

我:"您说的富人,具体指的是去哪里购物的富人呢?"

匠人:"比如说,去银座的富人。"

我:"去银座的哪些商铺呢?"

匠人:"银座的著名百货商场,比如说,日本桥三越。"

我:"日本桥三越的几楼呢?"

匠人:"我没去过,所以不是很清楚。"

问到这里,我才知道原来他并没有去过日本桥三越,只是凭感觉这么回答。于是,我建议他去一趟日本桥三越,到现场去实地考察一下。

过了不久,我得到了该匠人这样的答复:"我去参观过了日本桥三越的餐具卖场,跟我制作的漆器相近的商品实在是太多啦。"

于是我问道:"那您觉得您的商品能卖得出去吗?"

他回答道:"我觉得很难。不过,我已经制作出了100件……"

"欸?"我听后有些愕然。

像这样来找我咨询商品销路的客户,基本都是由于不经慎重考虑,盲目生产,最后导致商品无处可销。

无论是街道工厂还是匠人,一旦业务中断,没有订单可做,就意味着公司难以维系,这会让他们没有安全感。在他们的脑海里,无时无刻都在考虑着开发新商品以走出困境。他们极度畏惧公司出现停产停业、设备闲置、员工无事可做的局面。

在第1章中介绍的爱知县濑户市的陶瓷原型匠人吉桥先生,就是因为急于摆脱危机,仓促地开发了简约款式的意大利面盘子,结果新商品无人问津,他本人为了销路四处奔波。静冈县热海市的西岛木工所也是因主业门窗隔扇业务萧条,为了寻找出路,盲目地制作了各种各样的木工工艺品,结果陷入了无处可销的窘境。

第2章 企业和家业长盛不衰的"秘诀"

也许在他们眼里，面临危难，不积极寻找出路、坐以待毙，是一种"恶"。但是在我看来，没有明确的目标，也没有缜密的规划，盲目地开发像意大利面盘子和木工工艺品这样的商品，是更大的"恶"。

因为这些商品只是开发者利用自己擅长的技术"堆砌"而成，也可以说只是开发了一件于开发者而言容易开发的商品而已，企划毫无创新。同时，商品开发前也没有制定合理的流通规划，更没有考虑过生产过程中的生产效率等问题。结果，这样的商品不但不能拯救公司于危难，反而造成了大量的库存积压，进一步加重了公司负担。

总之，在商品开发的过程中应极力避免"右脑"冲动，不能仅凭想要开发商品的一腔热血以及多年的工作经验积累和直觉，而是应尽量发挥左脑理性思维，在明确商品的目标客户群体和销售方式的基础上，结合自己公司的技术优势、资源和目标客户需求,有计划有步骤地展开开发计划。

秘诀 5　商品设计的三个层面:技术、构思、销路

到底什么是商品呢?

经常与"商品"同时出现的另外一个词就是"产品"。"产品"指的是工厂生产的物品,而"商品"指陈列在商铺里销售给顾客的物品。"产品"和"商品"是有着本质区别的。

相对这两者而言,"作品"是作者为了满足个人创作欲望,以一定形式表现出来的智力成果。由此可见,"作品""商品"和"产品"是3个不同的概念,但是很多街道工厂和匠人经常把这三者混为一谈,包括我自己以前也经常混淆使用。

第 2 章 企业和家业长盛不衰的"秘诀"

凝聚自己的全部技术,倾心打造出一款优秀的物品。这种思维理念在"产业基地"或"传统工艺行业"可谓司空见惯。但是,在这种理念下打造出来的物品只能称作是"作品",而不能称之为"商品"。当然,并不是"作品"的创作理念不值得借鉴,而是"商品"有"商品"特有的思维理念和开发方式。

那么,如何才能打造出面向顾客销售的"商品"呢?

首先,物品在产品状态下不会马上成为商品。只有经过各种要素和内容的设计、融合,产品才能化身为商品。久而久之,在形成品牌后,商品将获得更多消费者的认知和认同,也会得到更多粉丝的关注与支持。

具体来说,在销售产品的时候,需要考虑产品的展现方式,即以什么样的形式将产品呈现给顾客。例如,采用什么样的包装设计、陈列在什么样的卖场、如何接待顾客等。产品在经过这一番设计后，最终形成了呈现在顾客面前的商品"存在感"。

此外，如何将产品信息传达给顾客，即产品信息的传播途径也是不可或缺的重要设计内容。通过商品目录、展示会的展位、公司网页等多种形式的传播途径设计，可以有效地向顾客传递商品的"价值感"。

只有同时具备了"存在感"和"价值感"，产品才能最终化身为商品。之后，作为商品不断获得消费者的认知与认同，人气逐渐提升，最终形成一个品牌。

同时，这也意味着顾客判断一件商品是否具有魅力、是否值得购买，不仅要看产品实体（产品本身），更要依据产品化身商品后所赋予的"存在感"和"价值感"。

例如，最初作为产品诞生的 iPhone 只是一款性能比较好的智能手机。在经过精美时尚的包装、

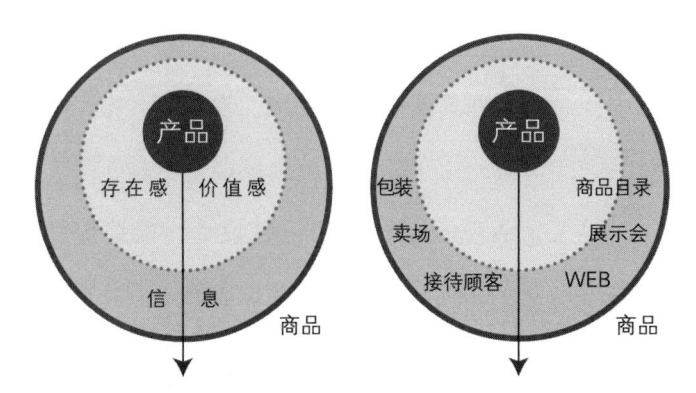

第 2 章 企业和家业长盛不衰的"秘诀"

左图内圈:产品 / 存在感 价值感 / 信息 外圈:商品

右图内圈:产品 / 包装 商品目录 / 卖场 展示会 / 接待顾客 WEB 外圈:商品

在同时具备了"存在感"和"价值感"后,产品最终化身为商品

高端大气的苹果专卖店的优质的销售服务以及强大的宣传声势等一系列设计后,iPhone 才被赋予了作为商品的"存在感"和"价值感",得以在全世界范围内爆火,也形成了强大的品牌影响力。

再比如,众所周知,蒂凡尼是全世界家喻户晓的高级珠宝品牌,如果在纽约的总店或银座的百货商场购买这个品牌的东西作为礼物送人,相信一定会博得对方的欢喜。但试想一下,同样是蒂凡尼的商品,如果在折扣店购买,并且没有任何包装，放在折扣店的购物袋里直接递交到对方手中，对方会作何感想呢？我想，收到的人多半会对品牌的印象一落千丈，甚至会怀疑是否是正品。

可见，轻视店铺形象和包装设计，最终导致的结果是整个品牌价值的崩溃，企业信用的跌落。

❖ 商品设计必须在技术、构思、销路方面"三管齐下"

综上所述，商品必须从以下三个层面来考虑。

首先是自己公司擅长的"技术"优势层面；其次是基于公司技术优势的商品开发企划，即"构思"层面；最后是在市场调查的基础上，通过决定商品售价的价格策略、规划销售渠道的流通策略，以及借助各类媒体传播信息的 PR 活动策划等手段开拓出来的"销路"层面。这三者相辅相成，缺一不可。

在设计新的商品方案时，应综合考虑这三个

层面，只有"三管齐下"，才能最终完成商品设计。放眼当下市场，很多商品都只停留在"构思"层面，没有完成商品的完整设计，最终必然摆脱不了被市场淘汰的命运。

技术
日本享誉世界的区域产业原材料和技术

构思
基于公司技术优势的商品开发企划

销路
在市场调查的基础上，通过创意、价格、流通及PR活动策划等多种手段开拓销路

只有"三管齐下"，才能最终完成商品设计

秘诀 ⑥ 商品开发立足于现有资源及技术

最大限度地利用现有技术、技艺以及材料、设备，尽量避免给公司增加不必要的负担。这是我进行商品开发的基本原则。

为了让公司摆脱危机，转危为安，盲目引进新设备，挑战从未使用过的技术，这些都是下策，我并不推荐。大多数公司在陷入经营危机时根本没有时间和余力再进行新的设备投资，即使可以，也会进一步增加公司的额外支出与负债，而且要耗费大量的时间。这样只会让公司陷入更深的困境。

相反，我认为对于公司或匠人来说，长年运用的专业技术及制造工艺才是他们最大的优势。此外，没有任何人能比他们更熟悉现在所使用的生产材料的性能、优点，以及机器设备的功能和操作方法。这些都是他们战胜竞争对手、走出困境的最有力的"武器"。这样强大的"武器"没有理由不好好利用，当然对于困境中的他们来说也别无选择。

但是，如果不改变利用方式，就可能无法发挥出"武器"的最强力量。公司之所以陷入危机，就是因为传统的利用方式已经无法满足现在的市场需求。

因此，我们不妨利用这些技术、技艺以及材料、设备，去尝试开发新的商品，或挑战新的领域。通过大胆尝试"跨界应用"，或许能找到新的途径解决当前公司面临的难题。

❖ 跨界应用激光雕刻机，丝带变身书签

福井县芦原市是日本第一大丝带产地，日本国内流通的丝带有 90% 都产自该地。但是，由于丝带本身就是很难形成差异化的商品，再加上大量海外廉价商品涌入日本国内，导致越来越多的丝带企业陷入价格竞争的泥潭中苦苦挣扎。

昭和 39 年（1964 年）创业的丝带制造商矢地纤维工业就是陷入这个泥潭中苦苦挣扎的企业之一。在东京的一次礼品展上，该公司的员工来找我商量，希望我能帮他们挖掘出新的丝带价值需求点。虽说丝带是用于生活中各种包装的必不可

少的装饰，但它往往只充当配角。该公司员工的态度让我感受到，他们热切希望能把丝带打造成"主角"，作为一种独立的商品获得消费者的青睐。

但是，当下包材行业形势不容乐观，继续坚持恐怕会陷入更深的危机之中。于是，我决定帮助他们在包材行业以外的领域找到新出路。

回到公司后，我开始动员大家思考丝带的新用途，最后大概收集到30多个方案，但这些方案要么需要对丝带进行再加工才能形成新商品，要么加工难度很高。两者比较后，我得出的结论是：只能对丝带本身进行再加工。

后来有一次，我就丝带样品与该公司员工进行交谈时了解到，该公司的生产现场有一台非常宝贵的激光雕刻机，据说在芦原市只有3家公司拥有这样的设备。于是我就去了当地，本来是约定好到该公司生产现场进行考察的，但是在最后关头该公司领导以公司机密为由拒绝了我进入现场。

第2章 企业和家业长盛不衰的"秘诀"

没能亲眼看到最关键的激光雕刻机，这让我心急如焚。说实话，我也想过当场就离开。

没能目睹现场，也就无法了解到该公司的生产工艺。当时现场的工作人员不停地向我道歉，所以我没有立刻离开，就在当场仔细询问了激光雕刻机的所有功能细节。

经过详细交谈后我了解到，使用激光雕刻机虽然可以进行精细加工，但经过激光雕刻机的精雕细刻后，一卷原本价格120日元的丝带就要上涨到700日元。在包材行业，这么高的价格很难打开销路。因此，该公司花1000万日元购入的激光雕刻机这些年来基本就处于闲置状态。

此刻我意识到，除了好好利用这台机器，暂时别无他法。于是，我开始酝酿这台激光雕刻机的"跨界应用"方案。

在制订这种"跨界应用"方案时，最重要的是如何向顾客传达"商品是运用了××领域的专业技术加工而成"这一重要信息。即使没有详细的说明，也能让顾客在看到商品的瞬间就能想象到制造商是从事什么专业领域、具有哪些特色的公司。在与福井县鲭江市的 KISSO 公司一起合作开发掏耳勺时，我们也是想尽办法通过各种方式向顾客传递了"新商品是应用了眼镜加工工艺"这一信息。

在现场的访谈中，我又了解到矢地纤维工业曾经生产过宽度为 14 厘米的业务包装用的宽幅丝带。这种丝带其他公司都没有生产过，可以说是该公司特有的商品，没有比这更能体现该公司的特色了。

随后，我们以此前公司内部提出的方案为基础，通过激光加工将这种宽幅丝带剪裁成了各种植物造型。于是，装饰用书签"SEE OH！Ribbon"就这样问世了。

为了凸显新商品的创意源于丝带，除了在销

第2章 企业和家业长盛不衰的"秘诀"

售时由商铺店员向顾客进行说明外,我们还决定保留商品整体的丝带原形,使用的时候就像从橡胶拼图板上取出拼图方块一样,需要将书签从丝带"母体"中剪切出来。通过对丝带表面进行激光加工以使其背面呈现出植物造型,这是该公司独有的技术。

成为商品开发转折点的那根丝带样品,虽然它的使命已经完成,但我会永远把它留在身边。正是立足于现有资源和现有技术,我们才打造出了前所未有的新商品,成功使丝带从"配角"升级为"主角"。

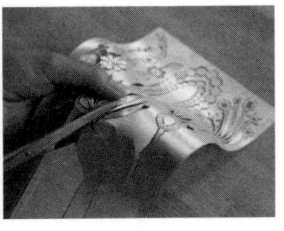

源于丝带的书签"SEE OH! Ribbon"。使用时要从丝带"母体"中剪切出来

秘诀 7 打破常规思维,推进跨界应用

所谓跨界应用,是指利用现有的技术、技艺以及材料、设备去开发与以往完全不同的新商品,或挑战从未尝试过的全新领域,这就要求我们能打破常规,重新审视长期以来习以为常的传统业务发展模式和工作习惯。

同时,我们要突破以往的思维定式,积极转换视角,多角度思考问题,有时甚至可以尝试逆向思维。

我走访过各种各样的产业基地,也领略过形形色色的工艺匠人风采,在同各行各业各阶层的接触中,我了解到每个行业都有各自的常识、惯例。而且,无论是产业基地的员工还是工艺世界

第2章 企业和家业长盛不衰的"秘诀"

的匠人，都牢牢遵循着各自行业的惯例，拘泥于所谓的行业常识。

"这些常识真的是不能改变，必须遵守的吗？"身为局外人的我，每每遇到这样的常识，心里就会产生这样的疑问。

当下，很多常识已经不再符合时代潮流，然而正是由于很多企业依然墨守成规，被这种常识惯例所束缚，才会陷入破产或倒闭的危机。

怀疑常识，颠覆常识。只有这样才能实现现有资源和技术的跨界应用，创造出新事物，成就"前所未有之事"。我认为这才是当今时代的"常识"。

爱知县濑户市的陶瓷原型匠人吉桥先生，在开发表面凹凸设计的陶瓷器皿时，大胆放弃了上釉这一常规程序。正是因为突破了陶瓷行业各种常识的束缚，他才创作出了纹路凹凸有致、立体感强、质感丰盈的创意器皿。该商品一经发售就给市场带来了巨大的冲击，之后市场上甚至出现了大量的山寨商品。同时，陶瓷行业也受到了巨大影响，"器皿表面不能有凹凸设计""陶瓷必须上釉"等这些陶瓷行业过去奉为经典的常识，已经变得不再是常识。

❖ 传统工艺行业应采取攻势战略

在第 1 章中介绍的竹工艺匠人小仓智惠美女士在开发竹制手镯、戒指时，面临的最大障碍就是各种高大上的常识壁垒。而要想在传统工艺领域创造出符合当下时代需求的新商品，就不得不突破这些壁垒。

想来，很多匠人会把传统工艺错误地理解为传承工艺。

所谓传承工艺，是指传递和继承迄今为止的固有技术、技艺，以不让其遗失、中断为目的，主要侧重于工艺的"保管"；与此相对，传统工艺则需要不断创新,不断挑战新技术、新技艺,其目的是为适应时代发展需求,通过创新、变革来实现工艺的"完善"。可见,传统工艺与传承工艺不同,应采取攻势而非守势。

只有采取攻势战略,我们才能多视角、多角度地看待传统工艺,从而探索出利用传统工艺技术开发出前所未有的新商品的创新途径。

秘诀 ⑧ 勇于挑战烦琐复杂的技术或工艺

在制造商品的过程中,很少有人会主动尝试使用烦琐复杂的技术或工艺,这也意味着使用这些烦琐复杂的技术或工艺制造的商品可能仍是一个无人涉足的全新领域。如果有人肯不辞辛苦、不吝惜时间和精力去大胆尝试的话,说不定会有意外的新发现。

也许我们会从中感受到前所未有的新奇体验。经过更深入的挖掘,也许我们还会发现沉睡其中的宝藏。

这些烦琐复杂的技术或工艺,很有可能会给我们带来新的商机。因此,我们应该从容果敢地去面对这些烦琐复杂的挑战。

爱知县濑户市的陶瓷原型匠人吉桥先生曾说过这样一句话:"既然没做过,我们就试试看。"为了开发手织毛衣纹路的器皿,他反反复复不知道尝试了多少次,才手工雕刻出制作器皿用的模具。负责烧制成型的窑瓷厂也经历了无数次的失败,由于没有烧制表面凹凸设计瓷器的经验,在初次烧制的时候,竟有一半都是次品。就这样,在经历了各种挫折和困难后,吉桥先生终于创造出了前所未见的创意器皿。

新商品的诞生,让更多人了解到了吉桥先生

高超的技艺，也成功拯救了"濒临悬崖边缘"的吉桥先生。

总之，小公司为了生存就要不畏艰难险阻，勇于挑战那些大公司不愿意或者不敢尝试的烦琐复杂的技术或工艺。

秘诀 9　传递商品诞生背后的故事

怎样才能让自己的商品更加吸引顾客呢？对于这个问题，最有效的办法莫过于向顾客讲述一个关于这个商品的诞生过程等与商品相关的"故事"。什么样的制造商、运用了什么样的技术、倾注了什么样的想法等这些关于商品诞生的背景，似乎比商品本身更能打动顾客。

因此，在展示或销售商品的时候，是否会讲

故事，能否讲好故事，并且通过故事让顾客最大程度地了解商品的诞生过程变得越发重要。

在与福井县鲭江市的 KISSO 公司合作开发掏耳勺时，我们就是最大限度地通过商品包装、商品名称、商品目录等向顾客传达了新商品的设计灵感源于眼镜、由眼镜专业制造商应用眼镜制造工艺加工完成，以及新商品产自著名眼镜产地鲭江市等这些与商品诞生有关的故事。这也促成了该商品成为发售后 4 年累计销量超过 3.6 万根的长期畅销商品。

此外，传递商品故事的另一个重要途径就是让顾客身临其境，亲身体验故事情节的发展。

其中一个有效方法就是组织顾客参观工厂或工坊，这样一来顾客就可以近距离观察制作者在生产一线动手制造商品的情景，也有机会与制作者进行互动交流。如今，日本全国各大产业基地都在积极推进这种顾客参与型体验活动。例如，

第 2 章 企业和家业长盛不衰的"秘诀"

新潟县燕三条地区每年秋季举办的"工厂祭典"、富山县高冈市的"高冈工艺旅行",以及东京都台东区的"MONO MICHI"等就是最具代表性的例子。

由于工作关系,我偶尔也会参加这种体验活动,令我印象最深的就是在现场一线工作的匠人们个个热情饱满,充满活力,与平时接触时的感觉大不相同。其他参加者也和我一样,在现场亲身领略到了一线匠人们勤奋扎实、兢兢业业的工作风采,也目睹了很多平时从未见过的机器和工具。参观结束后,每个人都难以抑制心中的兴奋,争先恐后地购买刚刚在现场看到的匠人们制造的商品。

此时此景就如同在美术馆或博物馆欣赏完艺术作品后,观众们意犹未尽,去博物馆商店疯狂搜刮各种纪念品一样。可见,通过组织顾客参观工厂和工坊,让顾客置身于商品的一线生产现场,亲身体验故事情节的发展，能够有效地激发顾客对商品的购买欲，甚至一些平日里不会购买高价商品的客户也会忍不住大方出手。

2014年，我在东京表参道开了一家名为"KOTO MONO MICHI at TOKYO"的美术展览室兼礼品店的店铺。这里虽然陈列着我们公司参与开发的各种商品，但我们的主要目的是想把这里打造成一个向顾客传达商品背后故事的场所。我们时常会邀请各个产业基地的制造商和匠人举办研习会，有时我们也会出租场地，为顾客与制造商之间的交流接触制造机会。

| 秘诀 ⑩ | 坚持"气球型"，而非"烟花型"的发展方式 |

无论是商品制造还是商品销售，仅仅尝试一

第2章 企业和家业长盛不衰的"秘诀"

位于东京表参道的"KOTO MONO MICHI at TOKYO"（美术展览室兼礼品店）

次一般是不会取得成功的。

尤其是一直从事外包业务的街道工厂和工坊匠人，第一次尝试制造和销售自销商品时，会遇到很多想象不到的困难。在赌博的世界里，很多运气好的新手第一次接触赌博就能赢得满载而归，但在现实世界里，这种幸运往往不会轻易降临。

"我们开发出了这样的商品""新商品具有这样

的特色（特征）""这是前所未有的创新商品""这个商品运用了这样的技术"……关于新商品，我们有太多太多想要向顾客传达的信息，但这需要我们日积月累的努力，不可能一蹴而就。

这就像腾空而起的烟花，虽然绚丽，但转瞬即逝，这一精彩的瞬间很容易让欣赏的观众错过，甚至遗忘。相反，如果是缓缓升起的气球，虽然速度缓慢，也没有烟花那样绚丽耀眼，但在缓缓升起的过程中却能得到更多人的欣赏和注意。

比如说，虽然每年都持续发布新商品并非易事，但正是因为有这样的努力，才能让更多的顾客（来访的采购商）见证公司的成长与发展。再比如说，如果我们有在展会上展销的计划，那就应尽量在各方面条件允许的情况下多次出展。只有给参观展会的顾客提供更多接触自己公司商品的机会，才能加深顾客对商品的印象，才会让公司名称和商品名称在顾客的脑海中形成记忆。相

第2章 企业和家业长盛不衰的"秘诀"

反，如果我们只是偶尔出展一次，将很难给顾客留下深刻的印象。

曾经有一段时间，日本国家和地方政府拿出高额的补助金，在全国各地多次开展促进著名设计师和产业基地匠人合作的"商贸对接"活动。这项活动催生出很多组联合开发的优秀作品，这些作品甚至被拿到海外的展览会上进行展销。同时，日本政府还"砸钱"，动用媒体大肆宣传，一时间引起了巨大的轰动。

参与合作的设计师们也因此受到了极大的关注。但是，作为重要合作方的制造商们有没有被世人熟知，他们的业务得到了多大的改善呢？此外，联合开发出来的商品在此之后能够长期销售的又有多少呢？答案不禁令人唏嘘。

在我看来，设计师和匠人其实就是同行，两者有很多相似的地方。

设计师能够设计出有创意的方案并以此为基

础创作作品，但往往缺乏以销售为导向的产品思维和理念。如果商品开发过程中没有精通销售知识的人参与，就很难开发出满足顾客消费需求的商品，但这一点却不能为设计师们所理解。

结果，大部分作品就如同腾空而起的巨大烟花一般，转瞬间便销声匿迹，最后只能成为设计师们不愿回顾的"黑历史"，深深地埋藏在记忆深处。

最近，我认识了一家很另类的公司。这家公司名叫"KAKUDAI"，在大阪从事自来水管配件的生产和销售方面的业务。要说有什么另类之处，这家公司生产的水龙头把手部分造型非常奇特，有的是上下颠倒（水龙头在上，把手在下）造型，有的是水壶造型，还有的是忍者飞镖造型。据说每一件商品都是与当地小学生合作完成的，忠实地再现了小学生的创意。但由于部门亏损严重，所以每件商品畅销到一定程度就会停止生产。总而言之，这是一家特立独行的公司，经常不按常理出牌。但也正因如此，它每次的"怪异行为"都会引起人们的热议，"很有创意""这是一家奇怪的水龙头店"，在人们的脑海中留下深刻的记忆。

那么，这家公司为什么会采取这样的策略呢？主要是为了与大型住宅设备公司抗衡。作为一家小规模公司，为了更好地生存，只能不断地向周围展现自己的个性。

这就是所谓的"气球型"发展方式。虽然达不到"烟花型"那样的高度，但只要我们持之以恒，也能让远方的顾客（我们的新目标市场）注意到我们的存在。不，我坚信一定能够引起他们的关注。

秘诀 11　推进跨行业融合

各大产业基地的制造商及传统工艺的匠人一

般很少会与其他行业的人有所交流。如果一直将自己封闭在这个狭小的世界里,每天接触的都是一些和自己有相同知识和技术的同行,那么就很难创新公司的商业模式,也不可能了解当下哪个市场更有前景。

为了摆脱眼前的困境,我们应该向外界敞开大门,广泛地接触不同领域的专家,积极地去了解每个行业。只有这样,我们的视野才能变得更加开阔,才会发现许多意想不到的商机。

在第 1 章中提到的竹工艺匠人小仓女士,高中毕业后就投身于竹工艺行业,直到 30 多岁一直"沉浸"在传统工艺的世界里。在参加了京都府举办的以培养匠人为目的的"京都匠人工坊"后,她才第一次接触到其他行业的人,得到了很多启发。之后,她又奔赴东京都内的商品展览会和人气精品店去实地考察,并围绕当前市场的热销商品及顾客特征进行了市场调查。

第2章　企业和家业长盛不衰的"秘诀"

在经历了诸多有生以来的第一次尝试后，小仓女士的思维意识和创作方向逐渐发生了转变，之后便有了凝聚着小仓女士精湛技术的创意商品——竹制手镯和戒指的问世，小仓女士本人也因此迈上了人生新的台阶。

从这个意义上来说，今后的人际关系仅靠师父与徒弟、上司与部下、前辈与后辈的纵向关系，以及同期生、同行的横向关系是远远不够的。我认为关键在于如何建立起跨行业的"斜向关系"。

我本人目前正在日本全国各地组织一个名为"LOBBY"的跨行业交流会，目的是促进不同技术领域的经营者之间的交流。我一直在不停地摸索，希望通过不断举办这样的交流活动，能给各行各业带来新的生机，让各行各业都能迎来新的发展机遇。

这就好比一潭清水，虽然清澈见底、风平浪静，但在看似稳定的同时，也意味着这就是一潭没有涟漪也没有波澜的死水，不会发生任何变化，更不用期待有什么蜕变。只有从外界引入新的水源，使两者交流碰撞，进而交汇融合，才能催生出我们所期待的新商品、新知识、新技术、新创意，带来全新的蜕变。

以促进不同技术领域的经营者之间交流为目的的跨行业交流会"LOBBY"

> **秘诀 ⑫** 明确当前所处的位置,规划未来的发展方向(自我定位)

我们终于下定决心,决定开发自销商品,但真要付诸行动的时候,内心又会泛起阵阵不安,"这么开发没问题吧""不会增加无谓的库存吧"……

于是,为了克服内心的不安,我们又开始思考如何减少这些风险和不确定性,"这么开发的话成功的概率可能会高一些""这样可能会增加一些业务量"……

只有这样,尽量提高成功的可能性,让不安化为心安,才能让我们的想法付诸行动。

而在此之前,我们有必要先充分认知自我。

首先,我们需要进行自我梳理,弄清自己能

做什么、擅长做什么,以及优势是什么,同时认清目前面临哪些课题。其次,我们需要描述出自己公司的目标与追求,明确"自己当前所处的位置",再在此基础上确定目标市场,分析今后应该开发什么样的商品、从哪些方面可以实现差异化,进而规划未来的发展方向(自我定位)。

接下来的任务就是要根据其他竞争公司所处的位置,分析自己公司具体开发什么样的商品或服务。当然,也要综合考虑商品的销售渠道和目标顾客群体。

总体来说,通过以上流程,便完成了从"左脑思考"到"右脑执行"的过渡。

例如,对于一个匠人来说,首先要通过认知自我,确定自己是处于"稳定""挑战"和"传承(雇用)"的哪一阶段。在此基础上我们就能明确今后工作的努力方向,是为了"维持稳定的生活",为了"迎接挑战",还是为了"将技术传承

第 2 章 企业和家业长盛不衰的"秘诀"

给下一代(扩大雇用)"。

那么,如何才能认知自我,找到自己的优势呢?关于这一点,我将在第 3 章中进行详细说明。

/ 第3章 /

认知自我,发现自身优势的"8个步骤"

通过8个步骤探寻自身"武器"

上一章中提到，要想从破产或倒闭的危机中寻找生存之路，最重要的是要充分认知自我。在本章，我将为大家进一步讲解为了认知自我而进行"自我分析"的方法与要点。

将自己公司的技术与技艺，以及材料与设备等需要分析的问题进行分解细化，然后逐一归纳梳理，这个过程会帮助我们找到自己公司的强有力的竞争"武器"。在完成自我认知、找到自身优势之后，再考虑下一步该采取怎样的措施。其中包含：如何立足自身优势找准目标市场；为满足目标市场需求，如何结合自身条件确定适合公司开发的商品或服务；在此基础上，再介绍一下商品化的具体方法。

整个流程可以分为以下8个步骤。

步骤1是"认知自我"，步骤2是"明确公司面临的课题"，步骤3是"发现自身优势"，步骤4是"描述自己的目标与追求"，步骤5是"明确自己当前所处位置"，步骤6是"设定自己的目标位置（自我定位）"，步骤7是"结合公司实际制订实施方案"，步骤8是"制定开发目标"。下面我来解说一下每个步骤的具体任务。

在2015年与2016年的两年时间里，我同兵库县神户市的点心工厂梅香堂一起合作，进行了商品开发。下面我将以梅香堂为例，结合梅香堂的商品开发过程，介绍一下"8个步骤"的具体实施方法。

当时，神户市政府为了振兴当地产业开办了一个名为"商品设计联合实验室"的学习班，我

第3章 认知自我,发现自身优势的"8个步骤"

认知自我,发现自身优势的"8个步骤"

步骤1	认知自我
步骤2	明确公司面临的课题
步骤3	发现自身优势
步骤4	描述自己的目标与追求
步骤5	明确自己当前所处位置
步骤6	设定自己的目标位置(自我定位)
步骤7	结合公司实际制订实施方案
步骤8	制定开发目标

兵库县神户市的点心工厂梅香堂的8个步骤

受邀担任讲师,梅香堂的第三代社长田中隆史先生(当时42岁)恰巧是这个学习班的学员。当时占梅香堂销售额一半以上的外包业务不断减少,为了阻止销售额下降,田中先生尝试开发了公司自销商品,但是却收效甚微,新商品一直未能打开销路。

步骤 1 认知自我

步骤1的任务是将平时的工作内容分解细化，归纳梳理。下面准备了"认知自我的5个阶段"的调查表，该表通过问答的形式引导我们分析、总结自己公司的现状。像这样，如果将零散杂乱的日常工作内容归纳分类、整理成文字或数字，就能从客观的角度认清自己能做什么、擅长做什么。

首先要回答问题1，本公司有什么技术？尽可能具体地写出公司所拥有的技术。迄今为止，我接触过各种各样的街道工厂，令我出乎意料的是，很多人并不清楚自己公司到底掌握什么样的技术。尤其是那些一直从事零件生产，没有经历过最终成品加工的外包商，他们更不理解自己的技术究竟

第3章 认知自我,发现自身优势的"8个步骤"

认知自我的5个阶段

1. 本公司有什么技术?

2. 到目前为止,本行业发展经历了哪些过程?

3. 本行业目前的发展状况如何?

4. 本行业今后的发展前景如何?

5. 本公司现状分析

① 销售情况分析(当前状态)	
● 公司整体的销售额是多少?	
● 本公司自产商品的销售额是多少?	
● 外购商品的销售额是多少?	
● 其他销售额是多少?	
● 商品(服务)数量是多少?	
● 商品(服务)内容是什么?	

② 运营情况分析(本公司现状)	
● 人才情况如何?	
● 业务量及利润率是多少?	
● 销售额排名靠前的业务是什么?	
● 客户选择本公司的理由是什么?	
● 获得了哪些客户的认可?	
● 主要业务及具体业务内容是什么?	
● 交货规格是什么?	
● 其他有哪些交易账户?	
● 公司外部的人脉关系如何?	

5. 本公司现状分析

> ③ 行业情况(周围状况)与竞争情况(目标方向)分析

1）同行业的竞争对手或品牌、及其理由（至少10个）

	同行业的竞争对手	理　由
1		
2		
3		
4		
5		
6		
7		
8		
9		
10		

2）在其他行业比较关注的企业或品牌及其理由（至少10个）

	关注的其他行业	理　由
1		
2		
3		
4		
5		
6		
7		
8		
9		
10		

第3章 认知自我，发现自身优势的"8个步骤"

5. 本公司现状分析

④ 技术情况分析(商品或服务是什么)

- 擅长的技术、技艺、服务是什么？

- 本公司独有的技术、技艺是什么？

- 拥有哪些机器、设备、生产环境？

- 本公司技术的特色是什么？

- 本公司制造过什么商品，具体是什么形状(方形、圆形)？

- 本公司商品的最终用户是谁？用途是什么？

- 本公司技术、服务的优势和劣势分别是什么(将日常业务内容分解细化，逐一确认)？

- 本公司生产材料、设备的优势和劣势分别是什么(分析公司业务中使用的所有生产材料的优缺点)？

- 公司内外人脉关系的优势和劣势分别是什么(各类业务合作关系一览、特殊人脉关系等)？

- 现阶段计划从事的领域、想挑战的业务、目标市场分别是什么？

有多大的可能性。这时，不妨整理出一张"本公司可加工的物品及可提供的服务清单"，尝试将公司的技术与设备的可能性尽量都挖掘出来。

接下来，问题2，到目前为止，本行业发展经历了哪些过程？是让我们回顾一下行业的发展史。而问题3，本行业目前的发展状况如何？是让我们谈一下对当下行业状况的认识，比如说行业是否处于低谷期等。然后，回答问题"4. 本行业今后的发展前景如何？"时，我们可以谈一下对行业未来发展趋势的看法。通过回答这些问题，在书写答案的过程中，也能逐渐加深我们对行业现状的认识。

最后是问题5，本公司现状分析，我们来逐项分析一下。

该问题主要是要求我们从"①销售情况分析（当前状态）""②运营情况分析（本公司现状）""③行业情况（周围状况）与竞争情况（目标方

向）分析""④技术情况分析（商品或服务是什么）"这四个角度深入剖析"本公司现状"。在这个过程中，我们也会不断获得新的发现与感悟。

其中，"②运营情况分析（本公司现状）"要求我们梳理出目前公司拥有的所有有形资产和无形资产。无论是设备、工具，还是生产材料，这些都属于公司资产。我们可以将公司的所有物品，包括平日里没有使用过的物品在内，整理成一份详细清单。只有将这些闲置许久的机器设备等资源充分利用起来，我们才有可能探索出新的创新途径。即使是一件十分普通的生产材料，我们也要将其纳入清单，在商品开发时所有资源都有派上用场的可能。

在"人才"方面，如果是正式员工，就要总结其业务熟练程度及工作年数，当然对兼职人员情况也要进行全面调查。例如，经过梳理，如果了解到公司拥有很多巧夺天工的裁缝师，那么今后就完全可以开展能发挥裁缝师们精湛细腻的手缝工艺的新业务。

"交货规格"主要回答出厂商品都是什么形状,比如说是圆形的多一些还是方形的多一些,这也需要整理成清单,因为它也能为确定今后商品开发的目标方向提供参考。

"其他交易账户"是将以往与自己公司有过生意往来的所有公司全部整理成清单。开设新的交易账户(寻找新的业务伙伴)并非易事,我们完全可以尝试与曾经合作过的伙伴建立新的业务合作关系。此外,在这个过程中,或许还能发现其他公司无法比拟的自己公司特有的优势。

"公司外部的人脉关系"不仅限于工作关系,还包括担任儿童棒球队的教练等社会职务,以及有钓鱼、打高尔夫球等共同爱好的朋友等交友关系。这些看似无关紧要的信息,有时却能给公司带来意想不到的机遇,因此对公司来说也是一笔

第3章 认知自我，发现自身优势的"8个步骤"

宝贵的无形资产。

在"③行业情况（周围状况）与竞争情况（目标方向）分析"中，列出在公司当前所从事的业务领域中与自己公司有相同的机器设备、业务形态以及体制结构的公司。在其他业务领域如果有自己比较关注的行业及公司，也都要列出来（最好是规模相仿的公司）。

在"④技术情况分析（商品或服务是什么）"中，将公司目前拥有的机器、设备、生产环境，以及公司擅长的技术，尽可能详细具体地写出来。之后，再逐一分析公司目前能做什么或不能做什么，使用现有的设备与技术能制造出什么形状或什么形式的商品，平时有哪些业务比同行的其他公司更赢得了客户信赖，以及各类业务关系、特殊人脉关系等问题。

此外，关于现阶段计划从事的领域、想挑战的业务、目标市场等也都要尝试着写出来。

❖ 由仙贝店向华夫饼制造商的迈进

接下来,我们具体看一下梅香堂在步骤1中是如何进行自我认知的。

田中先生的祖父曾在神户的一家点心店工作,他在昭和21年(1946年)自立门户,创建了梅香堂。早期的梅香堂以制作瓦仙贝起家,公司的主要业务是生产"夹烤"类食品(将调试好的面糊夹在两块铁板模具间后焙烤)。之后,在众多以家族经营为主的仙贝店中,梅香堂脱颖而出,在昭和36年(1961年)成立了公司,并活用"夹烤"技术成功开发出华夫饼系列点心(硬华夫饼)。同时,梅香堂的主要业务也转向了以老字号点心店为中心的OEM业务(为对方品牌代工生产)。

田中先生本人一直对这种侧重OEM的业务模式抱有危机感,在"自我认知的5个阶段"中他也作出了分析,认为以梅香堂目前的业务形态,今后很难生存下去。

事实也正如田中先生所担心的那样。近年来,梅香堂的订单量逐年递减,而且还面临着随时可能被主要客户切断业务关系的危机。梅香堂鼎盛时期的年销售额曾超过1亿日元,而在田中先生向我咨询的时候,已经跌落7000万日元大关。

梅香堂调查表

1. 本公司有什么技术？

①核心是"夹烤"技术

①-1 瓦仙贝、薄烤仙贝

最早起家于仙贝店。

①-2 曲奇华夫饼

- 这也是一种比利时华夫饼。这种曲奇华夫饼具有黄油薯片口感，是法国北部里尔地区和比利时的地方点心之一。
- 可以自由搭配其他配料，加工成各种各样的三明治后食用。当然，直接食用也十分美味。有一种搭配法国红砂糖和甜奶油酱制作而成的三明治，口味极佳。

①-3 比利时华夫饼

- 具有蓬松暄软的口感。说起华夫饼，就不得不提到比利时华夫饼中的烈日松饼。
- 本公司的比利时华夫饼不使用任何添加剂，采用本公司独有的原料配方和制作方法加工而成，冷热皆可食用，都能保持蓬松暄软的口感，深受消费者好评。

②公司规模小

②-1 可以随机应变
与生产华夫饼、威化饼的其他公司相比，本公司的规模实在小得太多。但我觉得这反而是我们的优势。正因规模小，我们才能随机应变，机动灵活地应对客户的细微需求。

②-2 可以多品种小批量生产
虽然无法大规模生产，但烘焙机器的原料切换十分简单，可以实现多品种小批量生产。

②-3 不怕费时费力
本公司的辅料也是手工制作。比如焦糖，虽然费时费力，但我们一直坚持手工制作。利用这样的辅料制作出来的华夫饼风味完全不同，顾客的满意度也会大大提升。

③目前，我正在考虑将公司的业务定位由"仙贝店"重新定义为"为客户提供'感动、喜悦'的服务行业"。

第3章 认知自我，发现自身优势的"8个步骤"

2. 到目前为止，本行业发展经历了哪些过程？

仙贝从奈良时代从中国传入，在日本已经拥有了非常久远的历史。但发展至今，提起仙贝，给人的感觉就是"传统老点心"，显然没有与时俱进，无法满足现代人舌尖上的需求变化。仙贝行业的附加价值在逐年降低。
同时，行业内的停业潮持续蔓延，我认为最主要原因是附加价值的降低，另外一个原因是这个行业大多以家族经营为主，很多店铺因后继无人不得不选择关闭。在当今时代，如果不能给顾客创造更多的附加价值，提升顾客满意度，那么就很难生存下去。本公司最初也是制作仙贝起家，后来由"仙贝店"转型为"夹烤店"（制造业）。目前我正计划将公司的业务定位由"仙贝店"重新定义为"为客户提供'感动、喜悦'的服务行业"。

3. 本行业目前的发展状况如何？（黑色方块为保密信息，下同）

目前有很多业务定位是仙贝店的公司，它们正在陆续倒闭。同时，也有很多公司利用"夹烤"技术，转型经营华夫饼店，专业制作华夫饼，如"■■■■"、"■■■■"、"■■■■"、"■■■■"等公司。此外，也有很多专业经营比利时华夫饼、奶油华夫饼、三明治、荷式松饼的小型商家。

4. 本行业今后的发展前景如何？

业务定位是"仙贝店"的公司，虽然很多都是以家族经营方式为主，但其中也不乏具有地理优势等有利条件的公司。坚持传统，继续制作仙贝，也许仍能在市场上占有一席之位。但是在仙贝市场日益萎缩的大环境下，创新变革已迫在眉睫。其他非家族经营企业，无论目前而市占有率有多高，在5年之内也应有所行动。
此外，同样是利用"夹烤"技术的华夫饼销售行业的公司，虽然目前仍能维持生存，但是随着少子老龄化的蔓延，消费市场日益萎缩，在未来的5年内行业也将悄然发生变化，我们应提前做好应对的准备。

5. 本公司现状分析

①销售情况分析（当前状态）
● 公司整体的销售额是多少？

②运营情况分析（本公司现状）
● 员工人数、销售额(自销、批发比例)、业务量及利润率各是多少？
13人（其中，兼职10人）

● 目前商品的主要销路是哪里（主要客户及商品内容）？

● 公司业务获得了哪些行业的认可（主要客户及业务内容）？
其他点心制造商、百货商场、超市

③ **行业情况(周围状况)和竞争情况(目标方向)分析**
1) 同行业的竞争对手或品牌、及其理由(至少10个)

	同行业的竞争对手	理　由
1	■■■	・我认为该公司是我们的竞争对手； ・看到该公司的发展态势，我内心也燃起斗志； ・从一家平淡无奇的小店起步发展至今，取得了飞跃式的发展； ・用料也非常考究，很了不起。
2	■■■	・该公司的主打商品是华夫饼； ・我认为该公司与我们公司的目标方向有相似之处。
3	■■■	・一家用料十分考究的家族经营店铺； ・该公司制作的点心也适合儿童食用； ・我也想制作这样的点心。
4	■■■	・该公司生产的薯片非常美味； ・选材简单又美味，商品上市销售后立刻被秒杀售罄； ・之前和我们公司一样，也是经营瓦仙贝店； ・我认为该公司是行业内业务形态改革的楷模。
7	■■■	・在当地已成为经久不衰的商品； ・配料丰富、火候恰到好处、咸香酸甜可口； ・手工制作，风味纯正。
8	■■■	・一家用料十分考究的点心店； ・该公司也生产华夫饼； ・我也想制作这样的点心； ・该公司还从事我一直想尝试的冰淇淋业务。
9	■■	・我的理想型商业模式就是该公司这样的； ・使用自己公司种植的原材料制作点心。
10	■■■	・全世界唯一一人获得■■■■■■的称号； ・全球独一无二。
11	■■■	・在关东地区，通过■■■■■不断扩大市场占有率； ・经营目标是把这一类商品做好、做精，努力成为最能满足顾客需求的企业。
25	■■■	・吉安杜佳巧克力非常美味； ・我想尝试用吉安杜佳巧克力制作点心。
26	■■■	・精通网络销售； ・该公司的商品能有效地吸引顾客购买。
27	■■■	・比利时知名饼干品牌 ・**酥香可口**； ・简单又美味的经典饼干。

第3章 认知自我，发现自身优势的"8个步骤"

2) 在其他行业比较关注的企业或品牌及其理由(至少10个)

	关注的其他行业	理 由
1	■	・独一无二的商品开发理念； ・创意有特色； ・商业模式不逊色于大公司； ・站在顾客角度设计产品； ・通过独特的创意，实现产品差异化。
2	■	・质量独一无二； ・利润率很高； ・业务敏捷，组织结构运营效率高。
3	■	・实用奢华； ・耐磨耐用。
4	■	・一位真正的师法自然的农业技术专家； ・教授我农业知识的老师。
5	■	・做工扎实； ・结实耐用。
～	～	～
22	■	・该公司敢于挑战制度、创新思维、积极进取的奋斗姿态令我敬佩。
23	■	・专业生产螺丝及相关零件的公司； ・满足订制小批量甚至单件的生产需求； ・当地公司都在这里订购螺丝； ・我认为该公司是一个成功的商业楷模。

④技术情况分析(商品或服务是什么)
- ● 今后计划开发的商品及种类
  ・利用现有材料和设备创造出新的附加价值的商品；
  ・强化能给顾客带来感动、惊喜的服务或购物体验；
  (例如，由顾客本人亲自在仙贝上烙上自己喜欢的烙印，再将烙上烙印的仙贝包装好递交到顾客手上)
  ・无过敏性食品；
  ・用完全无农药无化肥的材料制作点心。

- ● 今后想尝试的事情
  ・想开一家华夫饼店；
  ・亲自改造、设计公司店铺风格；
  ・与农业、工业、商业领域的相关企业展开合作；
  ・租用农地，亲手栽培点心制作用的原材料。

- ● 通过本次分析确定的目标市场
  ・对优质商品有消费需求的客户市场；
  ・对工艺考究的商品有消费需求的顾客；
  ・无过敏性食品市场。

步骤 2　明确公司面临的课题

步骤 2 的任务是梳理公司当下面临的课题。公司陷入破产或倒闭危机的原因、日常业务中遇到的难题、其他亟待解决的问题等，把这些能想到的课题事无巨细都写出来。

让我们分析一下梅香堂当时面临的课题。由于该公司的销售额有一半以上来自 OEM 业务，而面对 OEM 业务逐年减少的严峻形势，梅香堂接手了之前在某品牌的 OEM 业务中制造的废番品（下线商品）及其制造机器，开发出了新的自销商品"神户硬华夫饼 水果小盒"并展开销售。这种利用"夹烤"技术制作出来的水果夹心曲奇华夫饼作为点心食用非常美味，但上市两年后，经销该商品的常设店铺依然只有当地的一家百货店商场。本来梅香堂计划将该商品打造成新的收入来源,以弥补 OEM 业务下滑造成的损失,但是销路却没有预想的那般乐观。商品的销路问题一直是困扰梅香堂的一大难题。

神户硬华夫饼 水果小盒

一直以来,梅香堂的业务重心都放在外包业务上,加上第三代社长田中先生本人对销售业务并不熟悉,在商品开发的时候,根本没有对商品的目标客户群体、销售渠道等进行过分析与考察。这一系列原因导致了新商品一直打不开销路。

此外,在委托外部的设计师进行包装设计时,有关商品的定位方向和形象要求等也没有具体、明确地传达给设计师，导致最后设计出来的商品包装无法精准有效地传达商品特征。

新商品原本是作为酬赠答谢用的礼品开发出来的，但包装设计却完全没有彰显出这个销售主张。而且，从外观上也很难传达出商品的宣传主题。

此外，由于商品本身只有3种口味（橙子味、苹果味、猕猴桃味），因此很难确保在卖场的陈列面积。

目前公司业务中遇到的难题

-
-
-
-

步骤 ③ 发现自身优势

接下来的任务就是要挖掘自身优势。在此，我们使用制定经营策略时的常用分析方法——"SWOT分析"。

SWOT分析

	组织或公司内部	顾客、企业客户、竞争对手、社会
正面因素	优势（其他公司难以模仿的因素）	机会（善加利用就能成为机遇的因素）
负面因素	劣势（面对机会应当克服的因素）	威胁（无法改变但必须适应的因素）

上半部分是"正面因素"，主要填写 Strengths，

即组织或公司内部的"优势（其他公司难以模仿的因素）"；以及 Opportunities，即来自顾客、企业客户、竞争对手、社会等外部环境的"机会（善加利用就能成为机遇的因素）"。下半部分是"负面因素"，主要填写组织或公司内部的 Weaknesses，即"劣势（面对机会应当克服的因素）"；以及 Threats，即来自顾客、企业客户、竞争对手、社会等外部环境的"威胁（无法改变但又不得不适应的因素）"。

我们在进行商品开发的 SWOT 分析时需要对这个表格稍作调整，主要侧重分析上半部分的"正面因素"。

下半部分的"劣势"与"威胁"，从某种意义上来说，很多是涉及产业结构、来自海外的威胁等不能立刻解决的问题。既然无法解决，那么写出来也只是徒增烦恼，会让我们陷入低落情绪中，打击我们的积极性。接下来，我们要迎接新的挑

第3章 认知自我，发现自身优势的"8个步骤"

战。如果自信心在这个阶段受到影响，将会进一步增加"负面因素"，所以我们决定先忽略这两项。

相反，如果只分析"优势"与"机会"的话，我们就可以"转守为攻"，激发自己的正能量，也能极大提升商品开发的积极性。

因此，我们可以将目前公司所拥有的全部设备与技术（无论使用与否）、人才队伍、生产材料，以及自认为（公认）比其他公司擅长的优势等与公司有关的所有信息都事无巨细地一一梳理出来，并整理到表格的上半部分。为了尽可能全面地收集、整理出公司信息，我们可以从之前制作的"自我认知"中提取出相关内容。

基于以顾客需求为中心提供"优质正品"、

	组织或公司内部	
		优势 （其他公司难以模仿的因素）
正面因素	1	公司位于神户→发挥地缘优势，例如将商品名称设置为"KOBE（神户）〇〇〇"
	2	公司已有70年的历史→全面宣传公司创业于昭和21年（1946年），突出企业的悠久历史
	3	员工之间的配合越来越顺畅→进一步加强员工之间的团队合作，提高生产效率，创造利润
	4	"不怕费时费力，只怕不出精品"的公司文化→创造出其他公司难以效仿的具有更高附加价值的商品
	5	喜欢新事物→不断挑战，从失败中总结经验
	6	喜欢尝试别人没有做过的事→不断挑战，从失败中总结经验
	7	"全力以赴，不惧失败"的公司文化→不断挑战，从失败中总结经验
	8	我们认为失败只是告诉我们"此路不通"→不断挑战，从失败中总结经验
	9	我们认为"夹烤"技术是我们的优势→进一步扩大优势
	10	以兼职员工为中心的雇用体系→可以看作是变动成本→可以应对小批量生产→通过制作工作手册等措施，建立兼职员工也能灵活应对的生产体系→健全生产体系，进一步提高生产效率
	11	采用生产能力不高的小规模生产设备→可以应对小批量生产
	12	可以应对小批量生产→可以通过复杂的工艺手段完成烘焙→批量生产用的机器不可能实现的作业→创造出其他公司难以效仿的具有更高附加价值的商品
	13	让顾客亲手在瓦仙贝上烙上喜欢的烙印，制作出原创商品→向顾客提供的不仅是商品本身，还有服务
	14	提供"原创订制"服务→加大宣传力度，让更多人了解这项服务
	15	公司里有很多关于点心的读本→形成员工自发阅读和研究的文化
	16	可以手工烘焙→可以应对小批量生产；开发并销售比场机器烘焙工艺复杂的点心
	17	我认为自己的危机意识比别人强→大胆创新；提升经营意识；磨练技能
	18	员工可以手工制作焦糖→我认为其他点心店很少有人会自制这种辅料
	19	拥有蛋卷烘焙机→努力挖掘出新的用途
	20	拥有曲奇华夫饼烘焙机→努力挖掘出新的用途
	21	拥有仙贝烘焙机→努力挖掘出新的用途
	22	能够直言不讳、畅所欲言的良好工作氛围→进一步促进部门、员工间的沟通交流

第3章 认知自我，发现自身优势的"8个步骤"

"专业服务"的经营方针下的梅香堂SWOT分析

			顾客、企业客户、竞争对手、社会
			机会（善加利用，就能成为机遇的因素）
23		1	甜味麦粉仙贝是传统点心→挖掘新的价值需求点
24		2	高价商品与低价商品呈现出两极分化态势→走高端优质路线，提升商品附加价值
25		3	坚持贯彻经营理念→打造令其他公司望尘莫及的竞争优势
26		4	拥有临时店铺→将店铺打造得更加时尚→努力引起当地媒体关注
27	▇▇▇▇▇▇从事公司的OEM业务	5	有礼品需求→尽快打造出礼品规格的点心
28	为寺社佛阁制作原创仙贝	6	有自用（自食）需求
29	可以制作比利时华夫饼和曲奇华夫饼两种风格的华夫饼	7	国内市场还有开拓空间→面向客户开发新的业务形态
30	可以手工制作迷你蜂蜜小蛋糕→尽快挖掘出新的价值需求点	8	在今后10年内必须实现出口→打造精致时尚的高端商品，面向海外（欧洲、新加坡、中国香港、迪拜等）的富裕阶层塑造商品价值。
31	可以手工制作"瓦馒头"→尽快挖掘出新的价值需求点	9	
32	拥有边长3厘米的极小瓦仙贝模具	10	在商品开发方面深受法国华夫饼、比利时华夫饼的影响，因此计划向法国展出出口→在法国、比利时的展会上展出
33	拥有边长40厘米的特大瓦仙贝模具	11	采用"夹烤"技术制作西点→在国内尚处于起步阶段，今后将作为公司战略全面铺开
34	在第8、第9、第10届的神户精选活动中获奖	12	还有很多价值可以挖掘，这就如同经典的打砖块游戏，虽然只是一款操作十分简单的游戏，却实现了游戏界的革命性创新→不断挖掘新的价值需求点，引发创新
35	能够制作含水果片、蔬菜片的华夫饼	13	
36		14	
37	员工几乎都是家庭主妇，可以从女性视角制造商品	15	
38	构建以客户需求为中心的服务体系	16	
39	副会长50年前从事过设计行业	17	
40	点心上可以烙上烙印	18	
41	上过电视节目	19	
42	"夹烤"的特点是烘焙时间短，与烤箱制作的点心相比，更容易保留点心的香醇与香味	20	
43	开发出了刻有"震灾复兴的希望之光"的瓦仙贝	21	
44		22	

如上所示，只有在整理出全部优势后，才有可能充分发挥自身优势，积极寻找并开拓新的市场。

在进行SWOT分析时，梅香堂的田中先生没有考虑表格的下半部分内容，而是在上半部分的"正面因素"中非常详细地整理出了40条以上的优势。而且，针对列举出来的每一条优势，还附加了应该如何利用的想法及目标。如此一来，今后的努力方向就更加明确了。

通过调整后的"SWOT分析"，田中先生确定了梅香堂的优势是：

·擅长"夹烤"技术；

·公司规模小，所以灵活性强，能随机应变；

·通过令大公司都望尘莫及的细致复杂的工艺，能创造出比其他公司具有更高附加价值的商品；

·有严格选材安全生产的决心与条件。

经过这一系列分析,田中先生确信了自己公司原本拥有的技术才是最有力的竞争"武器",并且再次明确了公司今后的目标市场是"能够有效展开高附加值的华夫饼制作与销售的甜品市场"。

步骤 4 描述自己的目标与追求

在了解自身优势后,我们就会明确应该在哪些领域集中力量,发挥优势找到新的市场突破口。那么,在确定了目标市场后,接下来该如何行动呢?我们可以试着将自己的抱负与决心用语言表达出来,实现目标的"可视化"。这样一来,就能让自己的目标与追求变得更加明确、更加具体。

试着写出自己的目标与追求

-
-
-
-

梅香堂的目标与追求

- 充分利用自己公司的"夹烤"技术,将公司打造成能代表日本的全球知名"夹烤"厂家。

步骤 5　明确自己当前所处位置

在了解自身优势之后,接下来就需要考虑该如何发挥优势,开发出满足目标市场需求的商品或服务。在此之前,我们有必要先明确自己公司在目标市场中处于什么样的地位。通过与竞争对手进行公司特色方面的比较,我们就能清晰地认识到"现阶段自己所处的位置"。

212页表格左侧的"特色"列中设置了"经营范围""公司印象""优势技术""商品特点""企划力""质量""设计""销售力""主要顾客阶层""用途""价格""顾客利益""乐趣""安心感""便捷性"等项目。

本公司与竞争对手的特色对照表

	本公司	竞争对手A	竞争对手B	竞争对手C	竞争对手D	竞争对手E	竞争对手F	竞争对手G	竞争对手H	竞争对手I
经营范围										
公司印象										
优势技术										
商品特点										
企划力										
质量										
设计										
销售力										
主要顾客阶层										
用途										
价格										
顾客利益										
乐趣										
安心感										
便捷性										

当然，项目的内容和数量可以根据需要自由调整。通过这些项目，对比出本公司与其他公司的不同之处，以明确公司在行业中所处的位置。

梅香堂认为自己在"商品力"方面并不逊色于其他公司，但同时也承认在"设计力"和"销售力"方面与其他公司相比仍存在一定的差距。此外，对于"代表色"项目，梅香堂的回答是"没有"，认识到了一直以来都忽视了公司形象的塑造。

总之，通过将这样的表格与其他公司进行对比，能让我们厘清为了解决课题目前存在哪些不足，以及今后应该如何改进。

梅香堂的"本公司与竞争对手的特色对照表"

	1	2	3
	梅香堂	5年后的梅香堂	■■■■
优势技术	夹烤	夹烤 面包	西点
代表性商品	华夫饼、曲奇华夫饼	华夫饼、曲奇华夫饼	华夫饼、曲奇华夫饼
代表商品画像			
商品力5档次	3	5	4
企划力5档次	2	4	4
设计力5档次	1	5	4
销售力5档次	2	3	3
口味5档次	5	5	2
材料安全性5档次	4	5	2
优势	夹烤技术	实现品牌化	设计力
店铺印象	时尚感全无	优秀	味道一言难尽
想象与感受	B级战法 象棋步兵	逐渐获得更多粉丝	都市、干练、懊恼、焦虑
代表色	无	●●●●●●	●●●●●●

第3章 认知自我，发现自身优势的"8个步骤"

4	5	19	20	21
■■■■	■■■■	■■■■	■■■■	■■■■
西点	西点	西点	西点	西点
华夫饼	威化饼干	奶油蛋糕	布丁	派
2	2	3	4	3
2	2	4	5	4
2	2	5	4	3
3	1	5	4	5
2	3	3	3	2
2	3	4	2	2
手工制作	意大利风味	炫酷	打广告的方式	商品的展示方式
厌烦	当地老字号	一个品种	乱糟糟	无所事事
欧洲	意大利的粗犷大叔	逐渐形成品牌	做得很棒	店铺选址不错
●●●●●●	●●●●●●	●●●●●●	●●●●●●	●●●●●●

215

步骤 6　设定自己的目标位置（自我定位）

步骤 6 的任务是根据步骤 5 制作的"自己公司与竞争对手的特色要点"来制作行业的定位图。首先，要根据各自行业的特点决定矩阵图的纵轴与横轴，然后在矩阵图中找到"自己的目标位置"。

梅香堂将制作的矩阵图纵轴设置为"时尚""传统"，横轴设置为"高附加值""廉价"。目前公司商品的位置虽然处于高附加值区域，但时尚性明显不足。于是，梅香堂将"目标位置"设定在时尚区域，并在定位图上做了红色标注。这个位置即是今后的发展方向，也是对自己未来的定位。

第3章 认知自我，发现自身优势的"8个步骤"

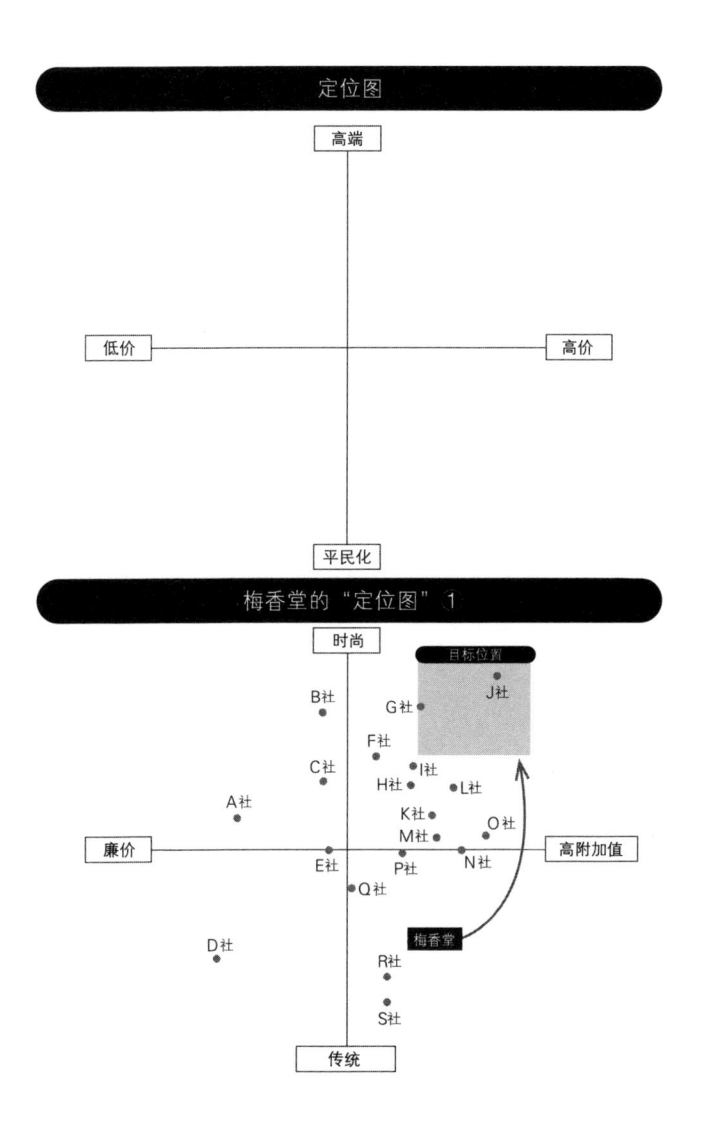

定位图

- 高端
- 低价 ── 高价
- 平民化

梅香堂的"定位图"1

- 时尚
- 目标位置
- 廉价 ── 高附加值
- 传统

B社、G社、J社、F社、C社、I社、L社、H社、A社、K社、O社、M社、E社、P社、N社、Q社、梅香堂、D社、R社、S社

217

梅香堂的"定位图"②

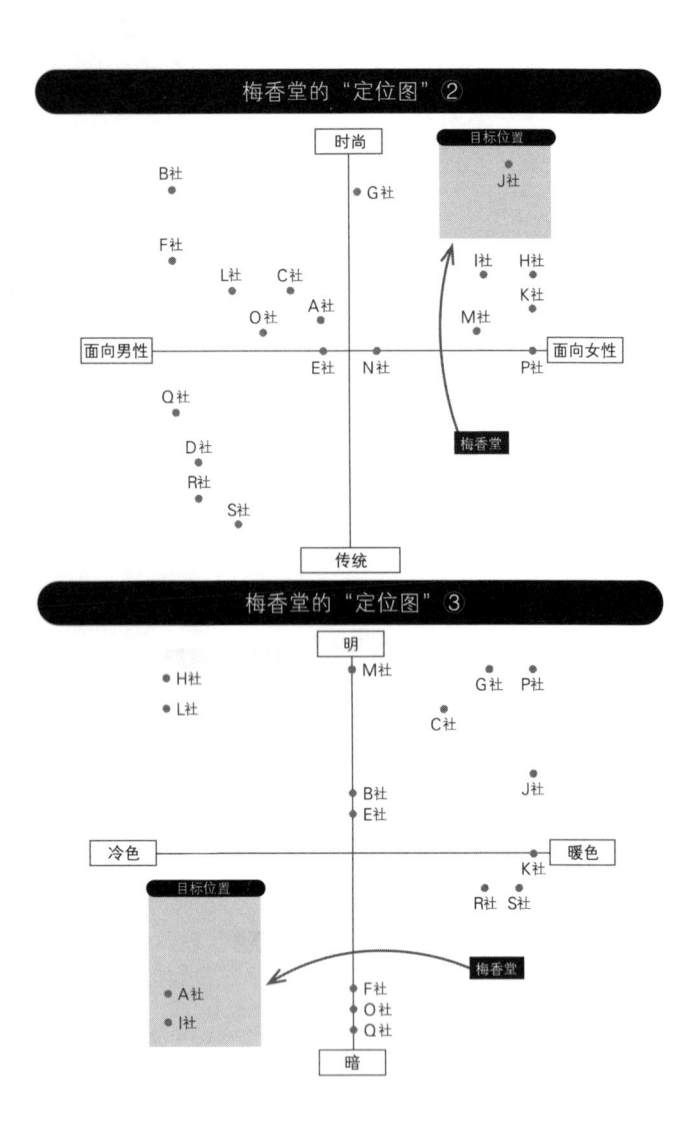

- 时尚 / 传统
- 面向男性 / 面向女性
- 目标位置：J社
- 梅香堂

上象限（时尚·面向男性）：B社、F社、L社、C社、A社、O社
中（面向男性侧）：Q社
下象限（传统·面向男性）：D社、R社、S社
上象限（时尚·面向女性）：G社、I社、H社、K社、M社
轴线附近：E社、N社、P社

梅香堂的"定位图"③

- 明 / 暗
- 冷色 / 暖色
- 目标位置：A社、I社
- 梅香堂

明·冷色侧：H社、L社、B社、E社
明·暖色侧：M社、G社、P社、C社、J社
暖色轴附近：K社
暗·暖色侧：R社、S社
暗·冷色侧：F社、O社、Q社

218

第3章 认知自我，发现自身优势的"8个步骤"

除此之外，梅香堂还制作了一张横轴为"面向男性""面向女性"，以及一张纵轴和横轴分别为"明""暗"和"冷色""暖色"的矩阵图。通过这3张矩阵图，分别明确了自己的"目标位置"。

类似这样，我建议大家不要仅制作一种类型的定位图，而要根据比较对象与关注项目的不同，制作出不同类型的定位图。坐标轴的设置也不要局限于"昂贵""廉价"等这样约定俗成的项目，而是要尽可能地根据实际情况，从细微处入手，选取更多具有比较意义的项目，这样制作出来的资料才具有参考价值。

此外，一个人完成定位图的制作可能有些难度，因此可以通过在公司内举办研习会等形式，与其他员工或兼职人员一同探讨，互相交换意见，大家齐心协力共同完成定位图的制作。只要大家共同努力，定位图的制作绝非难事，也无须苦恼。

步骤 7　结合公司实际制订实施方案

确定好目标位置后,首先要将定位图中标注位置附近的其他公司的商品或服务一一记录下来并进行整理,同时要确认对方公司的整个商品阵容。然后,根据整理出来的内容,我们就可以制定出一份位于目标市场的竞争对手在商品或服务开发方面"正在从事的业务列表"。此外,依据这份列表,我们还能推断出一份位于目标市场的竞争对手"尚未从事的业务列表"。

通过这两份列表,我们就能判断出哪些事情是"非做不可",哪些事情是"不做为好"。更进一步地说,我们能清晰地认识到哪些领域是"本公司正在从事(今后将要从事)而其他公司尚未

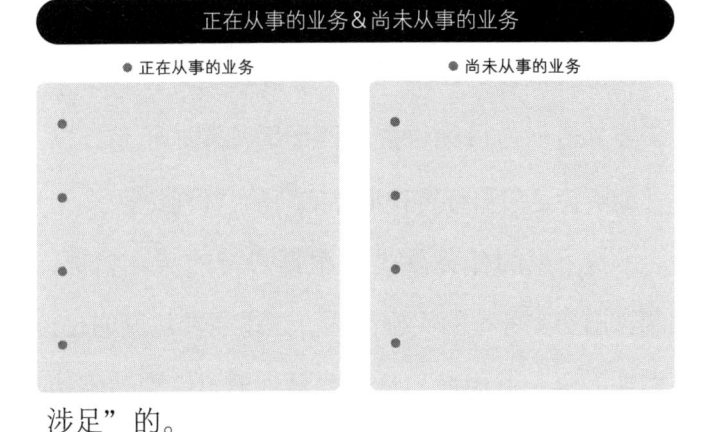

第3章 认知自我，发现自身优势的"8个步骤"

正在从事的业务 & 尚未从事的业务	
● 正在从事的业务	● 尚未从事的业务
● ● ● ●	● ● ● ●

涉足"的。

在这个领域中，我们很有可能找到创新突破口，打造出自己公司将要开发的新商品"优势"，也能为今后的实施方案设计找到依据，因此一定要进行仔细的调研（也有可能是不宜涉足的危险领域，因此一定要慎之又慎）。

梅香堂在经过调查后发现，虽然目前也有很多公司在生产曲奇华夫饼，但是"用'夹烤'技术制作水果夹心曲奇华夫饼"的商家只有自己一家。

但问题在于,该商品的包装设计与销售方式并没有有效传达出商品特色。除此之外,我们还需要打造出与目标位置相匹配的高附加价值,以及能够传达给目标客户群体的商品"价值感"。

接下来的任务就是要根据自身的实际情况,制订出切实可行的实施方案。这里需要注意的是,成功不会一蹴而就,凡事要量力而行,切勿不切实际、好高骛远,否则只会增加自身负担,甚至落得非常难堪的下场。

最终,梅香堂的田中先生以"打造高品质、惊喜感的'夹烤'品牌"为目标,制定了今后的实施方案设计书。

步骤 8 制定开发目标

通过以上步骤,我们发现了自身优势,也明确了公司在目标市场的位置。

接下来的任务就是在商品开发之前,确定由"谁"来购买我们的商品,即决定我们将要为之服务的目标客户群体。同时我们需要及时了解目标客户群体的生活方式及生活状态,掌握他们的消费需求。

为了确定目标客户,田中先生亲自调查了一些自己比较关注的东京都内的甜品品牌及咖啡店等店铺品牌(其中有些店铺只有女性顾客光顾)。通过在这些店铺的所见所感,田中先生逐渐明确了自己所追求的价值感。

目标客户会光顾什么样的店铺,哪里的卖场?田中先生不断在心里勾画出购买自己商品的理想客户形象(调性),并收集图片等视觉材料进行具体设定。

就这样,在一年内完成了现状分析及课题提炼的梅香堂,进入第二年后终于开始着手下一步行动。

最终,梅香堂将"目标位置"的客户(目标客户群体)设定为"对设计敏感性强,同时食品安全意识较高的人群",年龄覆盖老、中、青各个层次,并计划推出"时尚前卫的生活形态提案店"等多种形态的店铺,以满足目标客户的多样化消费需求。

第3章 认知自我，发现自身优势的"8个步骤"

请描绘出目标客户的形象

对设计敏感性强 / 食品安全意识高

梅香堂的目标客户

年轻人 ─────────────────────── 老年人

对设计敏感性低 / 食品安全意识低

Age
10代　20代　30代　40代　50代　60代

设计及价格因店而异

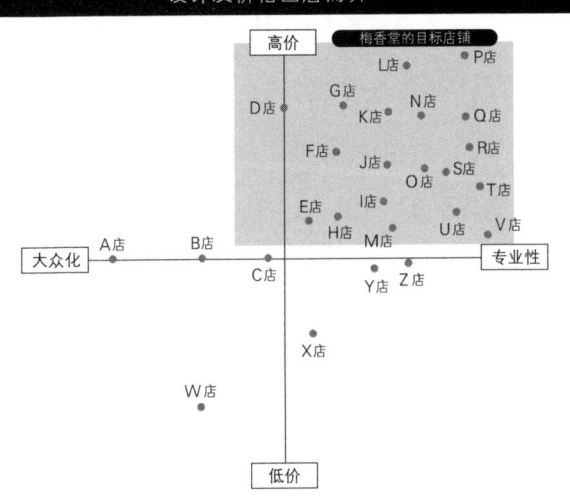

高价　　梅香堂的目标店铺

L店　　P店
G店　　N店
D店　　K店　　Q店
F店　　J店　　R店
　　　　O店 S店
　　　　　　　T店
E店 I店
H店 M店 U店 V店

大众化 ── A店 B店 ─────────── 专业性
　　　　　　C店
　　　　　　Y店 Z店

　　　　X店

W店

低价

助力公司增加"知己"的资料

通过以上 8 个步骤,逐一完成了认知自我、发现优势,以及发挥优势寻找市场突破口等一系列任务。在此基础上,我们正式拉开商品开发的帷幕。在商品化的过程中,我们也会与外部的设计公司、设计师等展开合作,一同策划商品的包装设计方案,完成商标制作。

如果我们能提前把 8 个步骤中完成的任务整理成书面资料,那么在与外部公司的设计师进行沟通时,我们就可以借助这些资料,将自己的想法、脑海中描绘的商品形象等准确、有效地传达给对方。

相反，如果没有这些资料做辅助，我们同设计师之间的沟通交流将很容易产生理解上的偏差，就像曾经的梅香堂一样，导致最终设计出来的商品包装与我们的需求不符。这就好比在一个彼此看不见的黑夜里玩投接球，除非有奇迹发生，否则我们很难用手套接住对方投球手投掷过来的球。

考虑到这一点，如果一开始我们就准备好相应的资料供对方参考，情况将大不一样。有了资料，对方就更容易理解我们的目标与需求，也能感受到我们在商品中所塑造的存在感与价值感。我们也不必再为设计会出现什么大的偏差而担心，之后的工作也能够顺利进行。

事实也的确如此。与我合作过的某个产业基地的公司就制作过这样的资料，并告诉我说，以前委托印刷公司印刷包装时，总是反反复复需要修改很多次，想不到有了这些资料后，第一次印刷的包装就令我们十分满意。

此外，不仅是商品开发，在向政府申请补助金或向金融机构咨询贷款问题时，这份资料也能发挥巨大作用。无论是关于自己还是自己公司的情况都记录得非常详细，让人一目了然。可以说没有比这更实用方便的申请资料了，在各种场合都能派上用场。

总之，制作这样的资料，从某种意义上来讲，也可以说是助力公司增加"知己"的一种便捷、有效的手段。

❖ 好创意激发无限潜能

在此之后，梅香堂先是决定了商品的品牌名称，接着设计了与之相匹配的商标，然后又策划了包装设计方案，使商品化进程不断推进。关于商品名称我们公司提出了三个方案，经过梅香堂的筛选，最终将商品命名为"KOBE Fruwa"。这

第3章 认知自我，发现自身优势的"8个步骤"

个名字不仅传达了商品的最大特征是"水果夹心的曲奇华夫饼"，还含有KOBE（神户）这一产地信息。此外，在外包装盒及里面的包装袋上还印有水果的剖面插画。

虽然商品的制作工艺"其他公司尚未涉足"，但为了让商品更加美味，关于能否改进或增加新口味，我们也进行了多次探讨。最初的商品口味只有3种，很难确保在卖场的陈列面积。于是，为了扩大商品种类，梅香堂开始尝试使用其他水果制造商品。经历了多次失败和反复尝试后，最终又成功开发出两种新的水果口味，商品种类也由此扩大到了5种。

同时，以此为契机，梅香堂开始拓展流通渠道。商品再优秀，如果不能让更多的人了解，那也是毫无意义。田中先生此前也参加过当地商工会议所主办的联合展览，但并不知道日本全国各大零售店采购商云集的大规模商品展览会的存在。

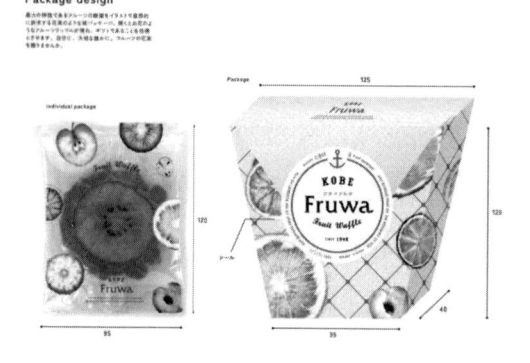

"KOBE Fruwa"的商标及外包装

值得一提的是，虽然事先我们已经调查过专业食品展的展位情况，但是经过探讨后我们认为，我们的商品更适合在创意杂货等创意类商品参展的展会上亮相。

于是，我提议在2017年2月东京都内举办的礼品展上展出。梅香堂接受了我的建议，并希望由我们公司负责商品目录的制作，以及展览会展位的设计与搭建。

第3章 认知自我,发现自身优势的"8个步骤"

就这样,我们迎来了礼品展。在短短的3天展会中,田中先生与400多家企业负责人交换了名片,并与其中的20家企业达成了交易。

"我想把我们公司的商品陈列在东京都内时尚前卫的生活形态提案店里。"这是田中先生当初立下的"宏图大志",如今终于迎来了实现的那一天。

在短短的两年时间里,原本只有当地一家百货商场经销的商品,如今已经一步一步顺利接近了"自己的目标位置",获得了越来越多的商家的青睐。新商品"KOBE Fruwa"赢得口碑后,东京都内的人气店铺也开始向梅香堂委托了新的OEM业务,一些夺人眼球的高颜值外观的商品上市后立刻在SNS上疯传,引起了大众热议。据说,梅香堂最近还收到了一笔来自一家店铺品牌的定制订单。可以说,梅香堂的商业格局发生了翻天覆地的变化。

一直以来，梅香堂的点心可谓是精致美味且独一无二，作为商品具有很大的发展潜力，却一直没有得到充分发挥。通过认知自我，发现自身优势，梅香堂挖掘出了优质的创意，也成功激发出商品本身所蕴含的无限潜力。

在礼品展上出展的展位

/ 第4章 /

从事外包业务的街道工厂和匠人的未来之路

第4章 从事外包业务的街道工厂和匠人的未来之路

日本全国未解决的课题堆积如山

迄今为止,我在日本各地接触过很多街道工厂和匠人,也听他们讲述过各种各样的烦恼。同时,我与各地区的行政机构也都保持着联系,为了帮助他们解决各自面临的课题,我曾多次与他们展开合作,一同致力于商品开发。虽然每一次的努力都取得了丰硕的成果,但在每一次合作过程中都要面对横亘在各大行业面前的巨大难题。

"明明大家都在为这个难题而烦恼,可为什么他们都选择搁置不管呢?"

"这么不合理的商业习惯,竟然没有一个人有怨言?"

"既然有合作伙伴,为什么这么简单的事就是确定不下来呢?"

"偶尔举办几次展示会能招揽到客户吗?"

每一次我都不禁会产生这样的想法。其实这些问题我之前也并不在意,或者只是觉得有些无可奈何,但随着与街道工厂和匠人们接触机会的不断增加,我对这些问题开始变得越发关心起来。而且,我也逐渐意识到很多问题仅凭设计是无法解决的。

从事外包业务的街道工厂和匠人大都苦于后继无人,甚至陷入了破产或倒闭的危机。之所以会出现这样的局面,主要是因为这些行业背后隐藏的各种问题由来已久,一直都没有得到妥善的解决。

尽管各地的行政机构一直在积极努力,但并没有从根本上找到解决问题的办法。

"等等,这样下去岂不是愈演愈烈吗?"我时

第4章　从事外包业务的街道工厂和匠人的未来之路

常会为这些行业感到焦虑。但我所遇到的街道工厂和匠人给出的回答往往都是"公司有史以来，一直是这么走过来的""我们没有义务，更没有责任做这么多的工作""没办法，这是行业惯例"……类似这样，他们总习惯固守于自己遇到的问题，思维受限于环境和行业惯例，总是无法突破当下的瓶颈。

尽管有些外包商也逐渐意识到了行规惯例中的不合理之处，但他们始终没有足够的勇气去突破固有思维的牢笼，摆脱行规惯例的枷锁，只会一如既往地默默无闻地辛苦劳作。甚至有些匠人在面对十分苛刻的交易条件时也选择了忍气吞声，在夹缝中求生存。

作为一个局外人，这一切在我看来是那么荒诞，我认为这种局面必须得到扭转。而且，如果不能将这些课题一一有效解决，那么我们公司与街道工厂以及匠人们合作开展的"区域产业联盟活动"就仅是流于形式，失去了本该有的意义。

　　这就如同心脏搭桥手术一样，虽然通过搭桥能够维持一段时间的生命，但这并不意味着病人已经彻底脱离了危险。如果不对心脏本身进行彻底根治，病人随时都有可能病情恶化，甚至危及生命。

　　同样，如果街道工厂和匠人无法从根本上找到解决问题的对策，那么就很难走出眼前的困境，更谈不上未来的发展。

第 4 章　从事外包业务的街道工厂和匠人的未来之路

> # 模具商的业务报酬
> # 采用版税方式支付

　　例如，在第 1 章中介绍的陶瓷原型匠人吉桥贤一先生，由于主业模具制作业务骤减，无奈之下走上了开发自销商品的道路。在成功开发出手织毛衣纹路的表面凹凸设计的创意器皿后，吉桥先生高超精湛的技艺为社会熟知认可，模具制作的订单也因此蜂拥而至。但是，此时的吉桥先生却打算从此放弃主业模具业务，彻底转型从事餐具制造行业。

　　他本人曾这样说过："模具制造企业的发展深受位于产业链上游的窑瓷厂的兴衰所左右。与其这样，我宁愿自己开发商品来开拓公司的未来。"

虽然他说的有一定的道理，但我却感到有些惋惜。

目前市面上的餐具制造商可以说是数不胜数，但能通过精细的手工雕刻技术制作模具的匠人却只有吉桥先生一人。这明明是他最大也是唯一的优势，他却要选择放弃，这不免令人有些遗憾。

也许有人会认为，自从3D打印机问世后，模具制作已并非什么难事，专业模具商也失去了存在的意义。当然，吉桥先生之所以会选择远离模具行业和这个背景不无关系，但我认为更重要的原因在于模具业务本身所隐藏的问题及整个模具行业结构的不合理性。

其中一点就是劳务费过低。

第二次世界大战后，模具商的劳务费几乎没有任何变化，这实在令人难以置信。近年来，陶瓷市场逐年萎缩，商品价格没有上升空间，窑瓷厂和批发商只能通过不断控制加工成本来保证利润，

第4章 从事外包业务的街道工厂和匠人的未来之路

这一点本无可厚非,但长期依靠牺牲匠人的利益来维持自己利润的"惯例"让人实在不敢苟同。

同时,匠人自身也存在很大问题。有一些上了年纪的高龄老匠人,在有了养老金收入后,甚至不惜降低劳务报酬来获取订单。窑瓷厂在分包业务时,自然会优先选择这些业务熟练且加工成本又低的高龄匠人。而这样一来,无形之中就把年青一代的匠人逼入了更艰难的困境。为了获得订单,他们不得不进一步降低本就微薄的劳务费。整个模具行业就这样陷入了恶性循环。

吉桥先生意识到这样下去模具行业没有未来可言,于是在承接新的业务时要求提高劳务报酬。尽管如此,吉桥先生公司的新业务订单依然是络绎不绝。可见,得到业界认可的吉桥先生可以获得与自身技术实力和能力相匹配的劳务报酬,但与此同时,过多的业务量也远远超出了公司的承受能力。无奈之下,吉桥先生只能被迫拒绝承接新业务。

这样下去,模具行业势必面临被淘汰的危机,没有人会愿意从事这项看不到未来的工作。事实也的确如此。据说在爱知县濑户市的濑户烧产业基地,从事模具行业的匠人当中,年龄在50岁到60岁的匠人仅有6人,而40岁以下的匠人,包括吉桥先生在内,仅有5人。大多数匠人的年龄都在60岁,甚至70岁以上,而且基本都面临着后继无人的问题,那么再过10年,模具行业彻底消失也不无可能。

模具行业的改革迫在眉睫,我建议先从劳务报酬改革做起。

上游生产商需要的模具基本上都是一次性购进,那么我建议不妨将这种一次性支付的劳务报酬改换为版税方式支付。也就是说,如果使用某个模具制造的商品获得了很好的销路,就要将一定比例的销售额作为报酬支付给该模具的制造商。

第4章 从事外包业务的街道工厂和匠人的未来之路

这样一来,对于匠人来说无疑是获得了持续收入的来源,同时对于上游生产商来说也是有利无弊。由于模具的初期制作费用十分高昂,导致很多生产商都不愿再生产新产品,但是如果将支付给模具商的一次性劳务报酬改换为版税方式支付,这样就能大幅减少初期投资,有效缓解生产商的资金压力,也能为新商品诞生创造有利条件。

可能有人会反驳说:"这种事情在我们行业可是史无前例。"但我想说的是,既然现实与困境摆在眼前,我们就只能想办法改变。在我们这些从事销售工作的局外人看来,只要敢尝试,改变上游批发商和窑瓷厂的想法也不是没有可能。双方实现风险共享,同时发展各自长处,就能实现双赢。

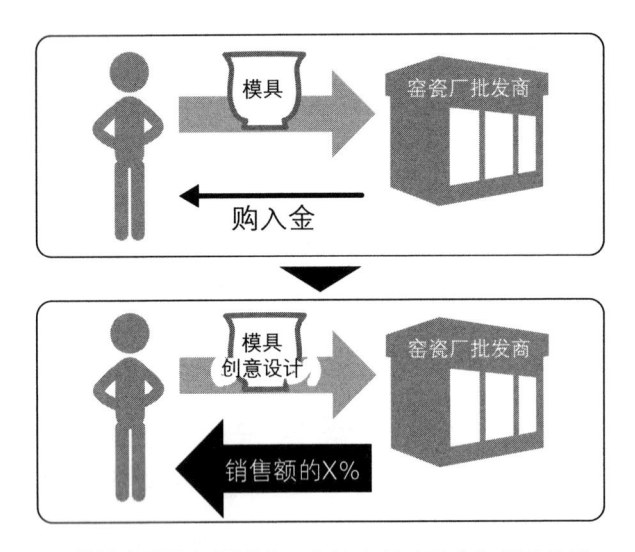

将模具商的劳务报酬由一次性支付改换为与创意设计相同的版税方式支付

第4章 从事外包业务的街道工厂和匠人的未来之路

组建工会,创新人才培养体系

另外一点是需要创新人才培养体系。

目前还没有专门传授像吉桥先生那样制作精细原型的模具制造技术的学校。要想学习模具技术,基本上只能通过父子相传,或者进入工坊拜师学艺。而且,要想独当一面,至少需要10年的磨炼时间。在这期间,每天都要不分昼夜,周末无休地不停工作。

在吉桥先生的工坊里,自从吉桥先生的父亲去世后,目前懂得模具制造的匠人只剩吉桥先生一人。据电视纪录片《盖亚的黎明》介绍(节目中播放了吉桥先生制造的商品在东京青山的店铺里陈列的情景），曾经也有过几个学徒进入工坊学习，但过了1年左右就都相继辞职了。

节目中这样总结道："很多初进工坊的学徒认为匠人的工作就是从事制作，具有创造性，本以为这份工作有多么受人瞩目，多么光鲜，可实际上只是日复一日地重复着简单的操作，枯燥乏味，工作量又大……"这无疑就是当下模具行业后继无人的最真实的写照。

但是我认为，工作环境再艰苦，也一定有办法可以改善。在人才培养方面，如果各个工坊独立实施遇到瓶颈，那不妨与其他工坊携手组建一个行会式的工会，建立起由各个工坊师傅共同传授新人技术的联合培养体系。通过"老把式"们的"传帮带"，亲手传授自己的看家本领，学员们便能更快、更轻松地掌握相关技艺技能，新人培养问题便可迎刃而解。

遗憾的是，吉桥先生本人认为自己的工作没

第4章 从事外包业务的街道工厂和匠人的未来之路

有什么创造性,因此想要放弃。但在我看来,他的工作已经足够富有创意,就这么放弃实在可惜。如果吉桥先生能将这份工作的感悟及心得及时传递给新人,我想一定能给他们带来正能量,成为他们奋力拼搏的动力。

如果一项工作只是让人感觉"枯燥乏味",就不会有人为之努力(虽然大部分工作都很枯燥、辛苦)。因此,如何激发模具匠人的工作热情,提升模具匠人的职业幸福感,也是今后迫切需要解决的课题。

学习技术的同时亦不可忽视经营

同样是在第1章中介绍的竹工艺匠人小仓智惠美女士,与她一起合作进行商品开发以来,我有机会接触到了以京都为中心的传统工艺行业。随着对这个行业了解的加深,我发现原来传统工艺行业也面临着很多亟待解决的课题。

其中最大的课题,莫过于很多匠人都无法凭借学到的技术来维持生计。

就拿小仓女士来说,她为了学习传统工艺考入了京都传统工艺大学,虽然在那里学到了梦寐以求的竹工艺技术,却没有人教她如何利用学到的技术到社会上谋生。毕业以后,小仓女士奔波

第4章 从事外包业务的街道工厂和匠人的未来之路

数年，却始终未能获得向往的"稳定生活"。直到30多岁那年，在参加京都府于2012年创办的"京都匠人工坊"后，她才有了重新学习谋生技能的机会。

如果在最初上大学期间，学校就能教会学生如何利用学到的技术去维持生计等社会生存的必备技能，小仓女士就完全没有必要到"京都匠人工坊"进行第二次学习。

然而，在现实社会中，像小仓女士这样学会技术就被抛上社会的年轻匠人大有人在。与街道工厂一样，掌握了技术却不懂得如何有效地利用，这样的匠人走向社会也难以维持生计。同时，传统工艺行业也因此陷入了后继者不足的困境。

"学校是纯粹学习美术、艺术以及传统的地方。在创作作品的过程中，或许要考虑创作出来的作品是否会'畅销'，但学校在制订教学计划时不应考虑这么商业化的问题。"一位工艺大学的老师这样说道。的确，学校和老师可能也有苦衷，学生在校仅有几年时间，要完全教会学生工艺方面的技术，时间远远不够，更不可能有多余的时间教授学生其他方面的知识。在这一点上，其他美术院校也差不多是同样的情况。

或许在这些学校眼里，我的想法是对艺术纯粹性的玷污，像我这样的人简直就是恶魔一般的存在。但即使我的所作所为不被人理解，为了下一代的年轻匠人，我也宁愿做一次"暴走的恶魔"。

学校里需要教授的技术很多，或许已经没有余力再安排其他诸如管理类的课程，但一直这样下去，传统工艺行业的问题不会得到任何解决。因此，我强烈建议学校除了技术类课程外，还能安排一些"学习如何经营"等的管理类课程，教会学生在社会上的谋生技能。

此外，跟着师傅学艺的时候，学习业界知识的机会会比在学校时多很多，但是一旦独立创业，

第4章 从事外包业务的街道工厂和匠人的未来之路

就不能再继续倚仗师傅了，必须靠自己的双手开拓新业务，打开商品销路。因此，我认为有必要构建一个匠人扶助体系，有我们这样的人为他们建言献策，帮助他们尽快走上正轨。

庆幸的是，在京都，为了扶持这些匠人，行政机构发起了"京都匠人工坊"这样的活动。日本全国其他地区的政府机构为了振兴本地的产业基地也都采取了类似的举动。总之，必须尽快行动起来。据说，目前日本全国有80%的匠人年龄都在60岁以上，如此下去，传统工艺品将成为只有在美术馆或博物馆才能看到的稀有物品，普通市面上将消失得无影无踪。

同时，国家层面的支援政策也不能一成不变，为了有效解决问题，必须尽快采取相应的对策。据我所知，在街道工厂中也有80%的企业正面临着后继无人的困境，整个制造业生产现场亟待解决的课题可以说是堆积如山。

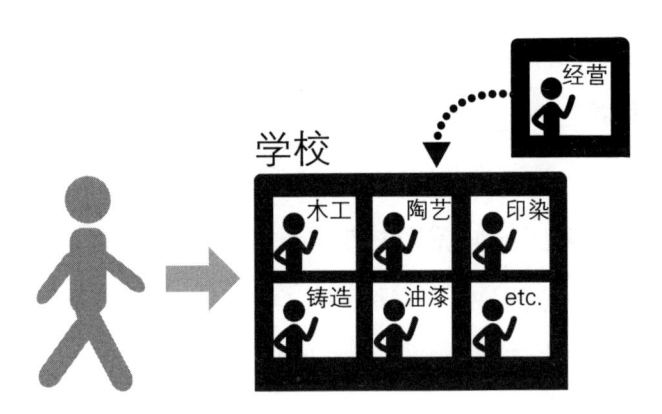

学校不能仅教授技术，也应该开设经营管理类课程

第 4 章 从事外包业务的街道工厂和匠人的未来之路

新旧商品顾此失彼的两难困境

生产体制方面也存在着问题。

从材料加工到编织成型的整个竹工艺制作流程，小仓女士全都是自己一人动手完成。而且，她工作非常细致，我和她一起开发的竹制手镯，完成一件制作就足足需要 4 天时间。因此，对她来说是无法实现批量生产的。

如此一来，一旦有新商品问世，旧商品的交货期势必就会受到影响。原本 3 个月的交货期可能会延长到半年或者 10 个月，甚至更久。而且随着商品走俏，粉丝增加，小仓女士越来越受到大众关注，随之而来的是一批接着一批的订单，日复一日地连夜赶工。小仓女士就这样一个人奋力拼搏着，我非常担心她这样没日没夜地努力下去，迟早会搞垮自己的身体。

小仓女士经过千辛万苦才得到她一直向往的"稳定生活"，如果就这样搞垮身体，之前的一切努力都将化为泡影。

当然，有些工序完全可以交给他人处理，但这需要对方具有很高的技术水平。最重要的是，小仓女士追求艺术的完美，在工艺上不容有一丝一毫的疏忽。因此，凡事她都要亲力亲为，或交给家人完成，在这种生产体制下很难有进一步成长的空间。在旁人看来，这的确是一个令人头疼的问题。

这种情况在我与其他匠人的交谈中也经常有所耳闻。要想提高现场的生产量，就只能像老一辈那样"增加劳动力"，但是在无法保证能定期获得稳定收入的情况下，即使目前人手不足也不能

第4章 从事外包业务的街道工厂和匠人的未来之路

盲目引进新员工。这些工坊基本都是由家人构成的家族式企业，对于被雇用的匠人来说，工作环境也与一般企业相去甚远，可以说是非常艰苦。

我认为，要想实现商品的定期定量销售，匠人们就必须落实新一轮举措，比如说让传统工艺学校的学生作为实习生，跟随小仓女士这样的实力派匠人进修。这样一来，不仅学生本人可以磨炼技术，对小仓女士来说，学生实习这段期间也增加了临时帮手，可以说对双方都有益处。

再比如，由行业内规模较大的企业牵头组建跨技术、跨职业的"匠人联盟"一样的组织，让工艺匠人们可以自由注册，并应工坊需求派遣他们去各个工坊短期工作。大多数工坊采取的都是个人经营或者家族经营，很难实现长期雇用，因此对于他们来说，迫切需要的就是这种在繁忙期能有年轻匠人短期过来帮忙的劳务派遣体系。

也许有人会说："不能让外人看到生产现场。"

工坊在繁忙期可向匠人联盟申请派遣匠人

短期雇用或许有泄露企业机密的风险，但我认为一切应以大局为重，目前还不是担心这种风险的时候。考虑到今后的发展，如果我们能搭建这样一个相互扶持的平台，虽然远不及云端服务，但完全可以实现一线匠人之间交流切磋技艺，开展知识共享。

在竹工艺领域，除了小仓女士掌握的手工编制竹笼等用具的"竹编"工艺外，还有一种被称

第4章 从事外包业务的街道工厂和匠人的未来之路

作"圆竹加工"的用于制作寺院竹墙的工艺。在这个圆竹工艺领域，有一家拥有多名匠人的中型企业，一直苦于不知道如何解决业务繁忙期外旗下匠人的工作问题。该公司也想尝试开拓新业务，但企业自身商品策划能力十分薄弱。因此，该公司一直在考虑引入外部年轻女性匠人的创意，以补足自身短板。

我认为小仓女士就是一个再合适不过的人选。由小仓女士负责商品策划，由该公司负责批量生产，双方通过多种形式开展合作，就可以实现优势互补、互利共赢。可以说，这是一种十分积极有效的分工合作方式。

总之，就像设计师可以同街道工厂合作进行商品开发一样，工艺的世界也一定可以实现这样的合作机制。

连接制造商与消费者的全新角色

对于大多数制造商来说，批发商并不是一个受欢迎的角色。在走访各地的产业基地后，我了解到，曾经引领众多街道工厂和匠人，并作为连接其与市场之间桥梁纽带的批发商，如今在流通渠道中逐渐丧失了主导作用，昔日的光环也早已不复存在。

当下，各种门类的海外廉价商品来势汹汹，不断涌入日本市场。面对席卷全国的海外商品，国内的批发商除了打出价格牌外，想不出任何有效的对策。处于纽带位置的批发商本应捕捉市场动向，向下游制造商传递有价值的信息，从而助

第4章 从事外包业务的街道工厂和匠人的未来之路

力街道工厂和匠人打造出热销商品。而如今的批发商不仅不能发挥纽带作用,反而不断侵蚀产业链下游制造商的利益。可以说,各地商业体系的破坏,批发商承担着不可推卸的责任。在各地街道工厂相继陷入困境的同时,批发商也渐渐失去了存在的意义。

产业基地内的批发商大多是专注于某一特定领域的专业批发商,因此他们所构建的商流也都基本集中在自己的专业领域范围内。比如说,经销陶瓷的批发商压倒性地专注于餐具行业的商流,我从未听说过他们涉足过其他行业。再比如,尽管咖啡已逐渐成为饮料市场的主流,但经销日本茶的批发商也只是选择默默地观望。这些领域的批发商明明知道自己所处的行业已经危机四伏,相比之下其他行业正呈现着蓬勃发展的态势,而他们依然无动于衷,注视着眼前的行情不为所动。

此外,由于这些批发商多年来一直固守在特

定领域和特定地区展开业务，这也造成行业内山寨抄袭现象屡见不鲜。一旦行业内出现热销商品，一些批发商就会立刻模仿其商品企划制造仿制商品，并降低价格以扩大流通。其他批发商见状后也争相效仿，进一步拉低了商品价格。有的批发商甚至将生产基地转移到了海外，导致国内产业空洞化加剧。这股潮流至今依然没有停止的迹象，各大产业都在逐渐失去活力。

批发商的职责本应是将产业基地内分散的匠人集中起来，作为这些匠人的"代理"将匠人们制造的商品传递到顾客手中，并与匠人携手制定商品企划，协助匠人进行商品开发。可以说，"匠人"与"商人"应各司其职。但如今的批发商显然已失去了原本的作用和存在意义，匠人们则必须走到市场一线，亲手构建属于自己的商品流通渠道。

对于一家小型企业来说，虽然灵活性强，但

第4章 从事外包业务的街道工厂和匠人的未来之路

要同时负责商品企划、生产,又要兼顾销售,如此长期持续下去,绝非易事。

在第2章中,我曾提议"开发自销商品"。但是,毕竟街道工厂和匠人的主要工作是从事生产制作,不能本末倒置,把时间和精力都花在销售上面。

从生产现场不时也会传来抱怨声:"建议我们尝试新挑战,我们就开发了新商品。然后又让我们去现场销售,于是我们又去了卖场。但是这样一来,用于生产的时间就越来越少。尽管如此,还是要求我们尝试更多挑战。那究竟什么时候我们才能静下心来生产呢?"

由于构建商流的商人逐渐丧失了应有的功能,受其影响匠人们也变得越来越疲惫。总而言之,作为连接生产商、零售商以及消费者之间的纽带,批发商的作用是不能轻易被取代的。

"从事生产的人再多,如果没有更多的人负责销售就毫无意义""如何才能重现构建起制造业辉煌期的'商人匠人关系'呢"……我努力梳理头脑中凌乱的思绪，不断描绘着当今时代所需求的全新批发商的形象。

第 4 章 从事外包业务的街道工厂和匠人的未来之路

> # 重塑商人匠人关系的
> # "新型批发商"

我称之为"新型批发商",虽然使用的语言不够生动形象,但却寄托了我对他们重拾批发商应有职责的希望。

简单来说,这是一种全新的批发商形式,由他们来重新修复商人与匠人之间破碎不堪的关系,并重新担负起连接制造商与消费者的桥梁纽带职责。

如果将其比喻成足球赛场上的球员的话,那就是需要同时负责防守与进攻的中场球员一样的存在。为了实现让最终用户购买、使用,甚至活用商品这一最终"射门"目标,就需要得到作为

"前锋"的零售商的配合，他们经常要求"传给我好球（商品）"。而我们作为中场球员，需要不断思考如何从位于"后卫"的街道工厂或匠人那里把球有效地传递给"前锋"。

世界上有很多"球门"（市场），完全不必盯着一个固定目标不放，更不必固守于一个特定的专业流通渠道，我们完全可以根据市场动向在无限的领域里自由自在，纵横驰骋。

但是，无论瞄准怎样的"球门"（市场），我们都要尽量做到精准精细、不偏离方向。选择最为稳妥的"传球"方式，最差也要学会用脚尖"传球"，这样才能保证球不会偏离方向，有利于队友"接球"。

同时，管理、策划要齐头并进。如果没有合适的市场，那就创造新的市场，策划与之相匹配的商业模式。

以工艺为例。由于无法批量生产，所以很难

实现全国化销售。既然如此,我们不妨将销售区域限定在匠人所工作的地区。正在与我们公司合作的一家全国连锁咖啡店,就计划在各地的店铺里分别独家销售用当地独有的工艺技术制作的杯子,通过展现各地区的不同特色来有效实现店铺间的差异化。

此外,还可以考虑和当地具有较高客流量的高级旅馆展开合作。如果我们制造的传统工艺商品能放在这些旅馆的洗漱用品销售区域展示,就有机会获得住宿客人的关注,甚至是购买。

如果客人感兴趣的话,还可以组织他们去参观匠人的工坊。这对于旅馆来说是对客人的一种增值服务,对于住宿客人来说也是一种至高体验。从匠人的角度来看,这更是一个扩大商品销量的绝佳机会。而这也正是"新型批发商"所能构建的一种三方共赢的全新商业模式。

在"地产地消"(当地生产,当地消费)的同时，我们还可以通过"地产他消"打开新的流通渠道。

连接制造商与使用者的"新型批发商"角色

用户（使用者） ◀▶ 客户（采购商） ◀▶ 工厂（制造商）

通过设计为企业提供全方位助力

为重新担负起连接匠人与市场的桥梁纽带职责，CEMENT PRODUCE DESIGN LTD.以重塑符合当今时代需求的"新型批发商"角色为己任，致力于助力企业开展商品开发，对从生产到流通的各个环节进行周密布局，为企业提供全方位的设计服务。

第4章 从事外包业务的街道工厂和匠人的未来之路

> # 共同打造"日本制造株式会社"

在第1章中,我介绍过静冈县热海市的门窗隔扇制造商西岛木工所,该公司开发出了一面是切菜用的砧板,翻过来的另一面是摆放食物用的餐盘这类创意商品,并将品牌命名为"face two face"。但是到目前为止,该品牌只有砧板这一种商品类型,为了能在卖场争取到足够的陈列面积,今后就必须开发出其他类型的新商品。但问题是,目前西岛木工所只有直切用刀具,所以他们只能开发出直线造型的商品。

而作为木工品牌,只有打造出直线、曲线等各种造型的商品,丰富商品多样性,才能体现出品牌的厚度。这样能给顾客带来更多的选择，提升顾客的购物体验，同时也更容易确保商品在卖场的陈列面积。话虽如此，从西岛木工所目前的财政情况来看，引进新的机器设备并不现实。

对此，我考虑出的办法是由多个街道工厂（企业家）共同扶持一个品牌。这样一来，擅长曲线造型技术的工厂获得品牌授权后，就可以由他们来制造该类商品，从而扩大商品阵容。

此外，如果能和设备齐全的工厂展开合作，也能降低制造成本。西岛木工所完全是手工作业，不仅制造成本高，风险也相对较高。但是，相同设计款式的商品如果交给设备齐全的公司进行机械化加工，就可以大幅度降低制造成本。

每个工厂和匠人都各有所长，也各有所短。我们想要的高度，很多时候仅凭我们一己之力很难达到。尤其是从事外包业务的街道工厂，一直以来只是承接商品形成过程中的某道工序，因此很难独立完成一套完整的商品制造流程。此时，如果能获得其他公司在技术和设备方面的支持，我们就能化不可能为可能。

总之，不是所有公司都必须创立自销商品的新品牌，也不是所有的事情都需要自力更生独立完成。我们完全可以与其他公司共享资源，互相取长补短，共同探索再生之路。

❖ 跨产地"技术融合"，全日本化身"工厂"

迄今为止，我们走访过日本全国各地超过500家的街道工厂和工坊，并将走访过的各个生产现场的经营范围、设备情况、技术工艺、匠人能力等信息汇聚成册。可以说，这是对我们走访过的所有工厂和匠人的"经营与技术"情况的诊断记录。我们深知他们各自的优势，也了解在这些企业工作的员工的特点。

同时，我们还充分发挥"新型批发商"职能，在实现企业间配套协作、融合发展，兼顾各个工作现场在技术与生产材料等方面的互补性的同时，积极开展活动促进各个街道工厂和匠人的对接，由此也诞生了一系列新型合作关系。

例如，通过我们在新潟县主办的跨行业交流会"lobby"，燕市的一家擅长金属加工的工厂与针织产业基地五泉市的一家针织厂，以及新潟市当地的一位设计师彼此相识并达成了合作关系。在三方的共同努力下，开发出了融合三方技术的新商品"暖水袋"。这个商品还获得了优秀设计奖。

此外，在福井县，很多国家认定的工艺匠人通过我们彼此相识后，联手组建了一个名为"福井7人工艺武士"的团队，共同致力于新商品的开发。

总之，只要不同产地、不同行业、不同工厂、不同匠人，或者不同工厂与匠人之间充分展开对接与合作，新商品或新服务的开发等商业活动自

第4章　从事外包业务的街道工厂和匠人的未来之路

然会应运而生。

这就是所谓的"日本制造株式会社"战略，即把日本整体视为一个可以满足自己公司资源需求的工厂。只有这样，小公司才能与大公司并驾齐驱，也只有这样，街道工厂和匠人才能在激烈的竞争环境中生存下去。

为此，正如我之前就反复强调的那样，我们要及时把握自己的优势以及自己能够使用的"武器"。同时，我们要清醒地认识到自己的不足之处，必要时刻，只要我们能找到合适的合作对象，就能补齐自己的短板。

万事都不要自己一个人硬扛，只要我们能和各个领域的专家展开合作，就能组成最强的团队。

我深切地感受到，今后的制造业仅凭设计很难取得进一步的突破。日本原本就是领先世界的技术强国，在制造现场实现高科技化，提高生产加工水平，生产出性能更加优质的产品，这才是日本制造业应有的本色。而为了实现高科技化，就需要把各地的技术优势结合在一起，形成强强联合，我称之为跨产地、跨区域的"技术融合"。只有通过最优秀种群（技术）间的交配融合，才能孕育出优秀的后代（商品、服务）。

　　如此一来，我相信街道工厂和匠人必将迎来光明的未来。

第4章 从事外包业务的街道工厂和匠人的未来之路

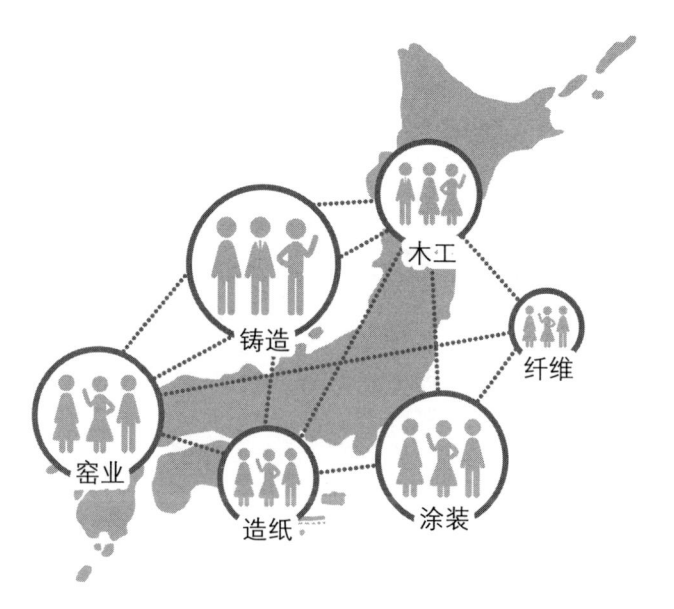

将日本整体视为一个工厂,实现跨产地、跨区域的"技术融合"

结束语

企业"精神面貌"的转变

经常有人问我这样一个问题:"你想把自己的公司打造成一个什么样的设计公司呢?"

我想大家一定是希望我能举例说明,但我又想不出一个具体的公司作为例子。因此,我一般会这样回答:"虽然客户可能对设计一无所知,但是在他们遇到困难不知所措时,我希望我们能为他们排忧解难,并且竭尽全力为他们解决问题。此外,无论任何问题,我们都愿意接受客户的咨询。"

总之,无论是个人还是公司,很多时候遇到

困难都会不知所措。这时候就需要有我们这样的公司听他们倾诉烦恼与忧虑，与他们同甘共苦、携手解决问题。

迄今为止，我们收到过来自全国各地各种公司的咨询，这些公司基本都是在公司经营或销售方面遇到了难题。当然，我们也只是一家平凡的小公司，既不是超人，也不是万能的，有时我也会深感无能为力。但是，我经常会这样鞭策自己：

"必须为别人做点什么。"

这是我创业以来一直秉持的信念。我要为父母做点什么。同样，也要为恋人、妻子、孩子、熟人做点什么。无论对谁，我都是出自同样的心情。既然得到别人的信任，就要竭尽全力帮助对方。我认为这是策划设计公司应有的使命。

通过与街道工厂和匠人们的合作，我们不仅开发出了新商品、创新了技术，而且我觉得更重要的是，参与人员的"精神面貌"得到了极大的

结束语 企业"精神面貌"的转变

改变。

为了解决问题,大家集思广益、一个一个创意不断迸发出来;为了将创意付诸实践,每个人都在不断地努力,不断地奋斗。在这个过程中,大家的眼神也逐渐发生了变化。

初次见面时,越是处于困境的人,表情越是充满焦虑与不安。但是随着商品开发的推进,在展示会等公开场合,亲身感受到了自己所参与开发的商品给客户带来的惊喜和感动后,他们的眼神中便会逐渐流露出自信与激情,而且不知不觉中愈发变得充满活力。虽然不知道最终结果如何,但在切身感受到工作的价值、意义和乐趣后,自身的思想意识也会发生转变。

在保持积极乐观的心态后,想法和行动也都变得积极起来,愈加焕发活力、斗志昂扬。在一次一次的商品开发过程中,我见证了这些企业员工的成长与蜕变。

在经历过无数次这样的情景后，我更加坚定了自己的想法：我们的任务不仅仅是在帮助这些企业完成商品开发与技术创新，更重要的是在帮助他们建立自信，重塑积极向上的"精神面貌"。

一个企业能否成功走出破产或倒闭危机，关键还是在于人，取决于当事者对自己有多少自信，在逆境中有多强的"求生欲"，以及是否有破釜沉舟、背水一战的勇气。我越来越觉得，对于一个企业来说，最重要的"武器"不是技术或设备，而是能操纵、控制这些"武器"的人。

最近，我与某位大学的老师时常会探讨这样一个问题："什么样的商品才能获得成功？"为了找到答案，我调查了我们之前接触过的所有商品，从产地知名度、技术、材料、预算、策划、设计等多方面入手，尽可能分析更多的商品构成要素。

最后看到分析结果时，我和工作人员都很惊讶。

结束语 企业"精神面貌"的转变

成功商品的共通要素不是技术,更不是材料或预算,而是员工的"激情"。正是出于即使拿不到政府补助金,就算借钱也好,也要想方设法去尝试挑战的这种"激情",才让一个又一个企业在新商品开发中获得了成功。

我认为,今后街道工厂和匠人不应孤军奋战,通过与其他企业取长补短,实现强强联合的"技术融合"将是大势所趋。但是,无论拥有多么优秀的技术与设备,如果携手合作的一方意志不坚定或者激情不够,就无法实现优秀技术的有效融合。

相反,只有合作双方都具有坚定的意志、饱满的激情,才能实现优势互补、融合共赢。

对方越是充满激情,我们就越有动力开发商品、创新技术来回报对方的激情。在感受到我方的工作热情后,对方的激情便会进一步高涨,如此便形成了一个良好的循环。

这就如同盆中的水，我们越是把水拨向我们这边，水越会流向相反的方向。相反，如果我们将水推向另一边，它反而会流回我们这个方向。

此次，我将与街道工厂和匠人们一起合作时的所思、所感、所悟整理成册，并出版发行。之前我从来没有想过能够出书，对于我来说这是第一次尝试，写作过程中也遇到了各种疑虑和困惑，但我认为现阶段我想要传达给大家的内容已经完整地记录在书中了。

我的第一本著作能够顺利出版，离不开一直以来给予我关照的各位朋友的大力支持与协助。

首先我要感谢成濑金属株式会社的成濑悦次社长，尽管合作条件十分苛刻，但他依然热心帮助我们完成了公司的第一件商品回形针的开发。开发成功后，我们的商品因为量少而苦于销路无门时，是株式会社 Lemnos 的已故社长高田博先生向我们伸出了援手。同时，我还要感谢在幕后默默支持我们活动的各地行政机构的工作人员，一起奋斗过的街道工厂、匠人们，以及从公司刚刚成立时起就支持我的员工和奋斗在各处的离职员工们。

此外，我要感谢能在百忙之中有幸接受我采访的株式会社KISSO的吉川精一社长和熊本雄马先生，陶瓷原型匠人吉桥贤一先生，西岛木工所的西岛则雄先生、西岛祥世女士、西岛洋辅先生，京都匠人工坊的山崎伸吾先生，竹工艺匠人小仓智惠美女士，有限会社梅香堂的田中隆史先生。最后要感谢为我提供出版契机的《日经设计》的花泽裕二主编和编辑部的太田宪一郎先生，以及提供采访支持和稿件建议的作家佐藤俊郎先生。

一路走来，我得到了无数友人的帮助与支持。今后，设计产业与制造产业的共荣共生、协同发展之路还将继续，我也将与街道工厂和匠人们以各种形式展开紧密合作,也希望关于生存之"道"会有新的感悟与发现。届时,我一定会再次向大家汇报。

金谷勉

图字：01-2022-5445号

CHIISANA KIGYO GA IKINOKORU CHIIKI × GIJYUTU × DESIGN written by Tsutomu Kanaya
Copyright © 2017 by Tsutomu Kanaya. All rights reserved.
Originally published in Japan by Nikkei Business Publications, Inc.
Simplified Chinese translation rights arranged with Nikkei Business Publications, Inc. through Hanhe International (HK) Co., Ltd.

图书在版编目（CIP）数据

换一条赛道，变现：企业版：中小企业生存法则／（日）金谷勉 著；杨占伟 译.—北京：东方出版社，2023.4
（日本中小企业经管书系；2）
ISBN 978-7-5207-3001-3

Ⅰ.①不… Ⅱ.①金… ②杨… Ⅲ.①中小企业—企业管理—日本 Ⅳ.①F279.313.43

中国版本图书馆CIP数据核字（2022）第183354号

换一条赛道，变现（企业版）：中小企业生存法则
HUAN YITIAO SAIDAO, BIANXIAN (QIYE BAN): ZHONGXIAO QIYE SHENGCUN FAZE

作　　者：	［日］金谷勉
译　　者：	杨占伟
责任编辑：	吕媛媛
责任审校：	曾庆全
出　　版：	东方出版社
发　　行：	人民东方出版传媒有限公司
地　　址：	北京市东城区朝阳门内大街166号
邮　　编：	100010
印　　刷：	北京文昌阁彩色印刷有限责任公司
版　　次：	2023年4月第1版
印　　次：	2023年4月第1次印刷
开　　本：	787毫米×1092毫米　1/32
印　　张：	10.25
字　　数：	115千字
书　　号：	ISBN 978-7-5207-3001-3
定　　价：	59.80元
发行电话：	(010) 85924663　85924644　85924641

版权所有，违者必究
如有印装质量问题，我社负责调换，请拨打电话：(010) 85924602　85924603